何があっても潰れない会社

100年続く企業の法則

田宮寛之

SB新書
579

序

今こそ老舗企業から学ぼう

■日本企業の平均年齢は37・5年

筆者は、就活関連の取材で学生にインタビューすることが多い。また、大学で講演する機会もあるので、講演後に質問にきた学生と話し込むことがある。今、学生の間ではベンチャー企業人気が高く、老舗企業はあまり人気がない。ベンチャー企業しか受けないという学生さえいる。彼らから見ると老舗企業は古くさい「オワコン企業」なのだそうだ。

しかし、筆者は「ベンチャー企業を否定しないが、創業100年以上の老舗企業にも注目したほうが良い」とアドバイスしている。

帝国データバンクによれば、日本企業の平均年齢は37・5年。

実は企業というのは長く存在するだけでも大変なのだ。歴史ある企業はそれだけ多くの試練に揉まれて、そしてそれに打ち勝ってきたことになる。

今年創業100年を迎える企業の場合、1922年から2022年までの間にあらゆることに遭遇したことはいうまでもない。関東大震災、第二次世界大戦、戦後の混乱、オイルショック、バブル崩壊、リーマンショック、東日本大震災、新型コロナウイルス蔓延などあらゆる危機が企業を襲ったが、生き残って現在に至る。

創業200年の企業ならば天保の改革による緊縮財政、幕末から明治維新にかけての混乱期を乗り切ったことになる。さらに、日清・日露戦争といった国難もくぐり抜けている。もっと古い企業ならば、ここに書ききれないほどの苦難を乗り越えてきたことになる。

ひと言でいえば、老舗企業は経営力が高い。だからこそ生き残っている。そして、こうした老舗企業が日本を支えてきた。

新型コロナウイルスの蔓延や米中対立などで混迷が深まる昨今、ビジネスパーソンが老舗企業から学ぶことは多いはずだ。本書では日本の老舗企業18社を取り上げて、危機に見舞われても決して揺らがない老舗企業の経営戦略に迫る。

■「創業100年企業」の数は、日本が世界一

東京商工リサーチによれば、2022年末に国内で創業100年を超える企業は4万769社に達する。日経BPコンサルティングが2019年に行った調査では、創業100年超企業が世界で一番多いのは日本だった。

ところで、読者の皆さんは世界で一番古い企業がどこにあるかご存知だろうか。世界四大文明が栄えた中国、インド、イラク、エジプトのいずれかなのか。それともヨーロッパか。

実は世界最古の企業は日本にある。それは大阪の株式会社金剛組（以下、金剛組。238ページ参照）という建設会社で、創業は飛鳥時代の578年。聖徳太子が四天王寺建立《こんりゅう》のために朝鮮から技術者を招聘したが、そのうちの一人である金剛重光が初代だ。金剛組は1400年以上も寺や神社を作り続けている。

創業1000年以上の企業は金剛組だけではない。調査データによって多少の違いはあるが、国内には10～20社程度の1000年企業がある。

本書では金剛組の他に1000年企業を2社取り上げている。そのうちの1社、株式会社西山温泉慶雲館（以下、慶雲館。256ページ参照）は705年（慶雲2）に創業した温泉

旅館で、世界最古の温泉旅館としてギネス認定されている。山梨県の山間部にあり、かの武田信玄や徳川家康もこの湯につかったと言い伝えられている。

もう1社の1000年企業、五位堂工業株式会社（以下、五位堂工業。268ページ参照）は奈良の老舗鋳物メーカーだが、正確な創業年はわからない。しかし、奈良時代の745年（天平17）に東大寺の大仏「盧舎那《るしゃな》仏像」の建立に携わったとされているので、約1300年の歴史を持つことは明らかだ。

時代が下って戦国時代末期の1614年（慶長19）には京都方広寺の大鐘の建造に携わった。この方広寺の大鐘とは、秀吉亡き後の豊臣家が建造したもの。鐘に刻まれた「国家安康」の文字に徳川家康が難癖をつけ、それが「大阪冬の陣」のきっかけになったとされる。現在は祖業である鋳造の技術を使って、船舶用エンジン部品や工作機械用部品などを製造している。

フランスには創業200年超の老舗企業のみが加盟を許される「エノキアン協会」という団体がある。エノキアンという名称は、『旧約聖書』に登場し、365歳まで生きたとされるエノクに由来する。

同協会にはヨーロッパ企業と日本企業合わせて51社（2022年2月18日現在）が加盟し

ているが、その中で最古の企業は石川県で温泉旅館「法師」を運営する株式会社善吾楼（以下、善吾楼）。創業は718年（養老2）。

ヨーロッパ企業で一番古い企業はドイツの金属加工メーカー「The Coatinc Company」。設立は1502年（文亀2）なので520年の歴史があるが、金剛組や慶雲館、善吾楼、五位堂工業の半分にも満たない。

日本には多数の老舗企業があるだけでなく、他国と比較して企業年齢が格段に高い。現代のビジネスパーソンが学ぶ対象となる企業が多数存在するのだ。

■創業家に生まれても、当主に選ばれるとは限らない

老舗企業といえば、創業家の長男が代々後を継ぎ、当主が優秀でなくても番頭が経営を支える、といったイメージがあるのではないだろうか。今回、多くの老舗企業に取材することで、このイメージが大きな誤りであることがよくわかった。

たとえば、世界最古の金剛組では、分家が継承したり、外部から婿をとったりしているケースが多い。静岡文化芸術大学の曽根秀一准教授の調査によると、江戸時代初期の第25代から第40代までの当主のうち、10人の当主が長男以外、もしくは他家から登用された人物だ。

金剛家では直系長男であっても、当主に適任でないと判断されれば当主になれなかった。また、いったん当主になっても、能力不足と見なされれば解任されて、家から追放されることもあった。

鰹節専門店の株式会社にんべん（以下、にんべん。92ページ参照）は、1699年（元禄12）に東京・日本橋で創業した。現社長で13代目だが、4、6、8、9代目は養子が当主を継承している。6代目は夫婦ごと先代の養子に入って当主となった。養子となって後を継ぐ人物がすでに結婚していたので、妻も一緒に養子になったのだ。にんべんの歴史を振り返ると養子が重要な役割を果たしている。

中庄株式会社（以下、中庄。155ページ参照）は1783年（天明3）に創業した紙の専門商社。初代・庄八が定めた家憲の中には「当主の実の長男には後を継がせず、他家から優秀な養子をとって後継ぎにする」と書いてある。2代目から6代目までは養子継承が続いた。養子として中庄に入った人たちが中庄の基盤を築いたのだ。

老舗企業は実力主義であり、当主の長男に生まれたからといって、のんびりしていられるような甘い体質ではない。

■前向きな失敗は、恐るるに足らず

老舗企業は代々同じ事業を営み、新しいことに手を出して失敗など許されないと思われがちだ。しかし、老舗企業は前向きな失敗には寛容なのだ。

石川県金沢市に本社を置くカタニ産業株式会社（以下、カタニ産業。63ページ参照）は1899年（明治32）に金箔製造業でスタートし、現在は加飾材の専門商社だ。同社の社員の一人は社風について次のように語る。「当社の意思決定は、どちらかというとトップダウン型ではなくボトムアップ型。そして仮に失敗したとしても、ペナルティを科されることはない。チャレンジした結果、失敗したのであれば、むしろ前向きに評価してもらえる」。

株式会社タツノ（以下、タツノ。172ページ参照）は1919年（大正8）に日本で初めてガソリン計量機の製作に成功して以来、ガソリンスタンド関連機器の開発に取り組んできた。特許・実用新案・意匠などの出願件数はこれまでに5000件を超える。目立つ製品としては、天井から吊り下げるタイプの計量機が挙げられる。

これまで失敗例もたくさんあるが、次々と新しい技術や製品を生み出すことができたのは、「失敗を糧としてさらに進化する」という社風があったからだ。

■確実を旨とし浮利に趨らず

香川県に本社のある小野株式会社（以下、小野。20ページ参照）は1911年（明治44）の創業で、関東・関西・中四国地区で大型手芸専門店「ドリーム」を展開している。

第3代社長の小野耕一氏は、「財テクが成功しても失敗しても商売には良くない。土地や株で儲かると現在行っている商売が馬鹿らしくなる。損をしても痛手。また、気になって本業が手につかなくなる。財テクに手を出して良いことは1つもない」と言っていたという。小野はバブルを機に財テクに手を出すことがなかったので、バブル崩壊の影響をほぼ受けなかった。現在は3代目の次男・兼資氏が社長を務める。本業重視で借金ゼロの堅実経営だ。

ナイカイ塩業株式会社（以下、ナイカイ塩業。188ページ参照）の創業者である野﨑武《ぶ》左衛門《ざえもん》の遺訓の1つが「他に事業を興すな」というもの。同社は倉敷市に本社を置いて塩の製造販売を行っている。創業は1829年（文政12）。

創業以来、塩の製造一本でやってきたが、昭和になってから化成品事業を開始した。化成品とはいっても海水中にあるマグネシウムイオンを「水酸化マグネシウム」として取り出し、製品化するというもの。製塩業の延長ともいえる。これだけ本業にこだわる企業が投機的な取引に進出することはあり得ない。

仙台市に本社を置く株式会社藤崎（以下、藤崎。200ページ参照）は1819年（文政2）創業の老舗百貨店。バブル末期には売上高・営業利益が過去最高を記録した。当時は利益を財テクに投入する企業が珍しくなかったが、藤崎は利益を活かして赤字部門の整理に着手し、系列会社12社のうち8社を清算した。株や不動産投資など財テクにはいっさい手を出さなかったことで、バブル崩壊後も業績を大きく悪化させずに済んだ。

住友グループで知られる住友家の家訓の中にある「確実を旨とし浮利に趨《はし》らず」とは投機的な経営を戒めた文章として有名だが、住友家に限らず老舗企業がもっとも重視するのは本業。たとえ家訓になっていなくても、老舗企業には投機を許さない雰囲気があるようだ。

「実力主義」「失敗への寛容さ」「財テクの禁止」「本業重視」など老舗企業には共通点が多いが、企業ごとに異なった手法や考え方もある。どの企業のやり方が優れていて、どの企業のやり方が劣っている、ということはない。100年以上も存続しているのだから、どの企業のビジネスモデルも優れている。

本書では、老舗企業18社を紹介していく。読者の皆さんが初めて目にする企業が多いことだろう。100年以上続く老舗企業の「凄み」を感じていただきたい。

何があっても潰れない会社　目次

第一章

時代の変化に応じて、柔軟に在り方を変える

堅実経営を維持しながら2度の業態転換
中・四国で培ったビジネスモデルで関西・関東へ

小野株式会社（手芸専門店チェーン）

■創業111年の大型手芸専門店チェーン

大型商業施設が必ず誘致したい店舗の1つが手芸用品店なのだそうだ。商業施設は手芸用品店の女性集客力に期待している。いったん手芸用品店に入店した客はじっくり買い物を楽しみ、帰るときにその他の店で買い物をする。

手芸は趣味の王道であり、あまり景気に左右されない。2020年以降は新型コロナウイルス蔓延による巣ごもり需要で売上が伸びた。

効率や合理性を求める時代だからこそ、手芸を通じて得られる心の安らぎや楽しみを重視する人が増えている。手芸は心の栄養なのだ。

香川県に本社のある小野は1911年（明治44）の創業で、関東・関西・中四国地区で大型手芸専門店「ドリーム」を97店展開している（2022年3月末時点）。

小野の前身「小野だるま堂」と従業員（1950年［昭和25］ごろ）

初代の小野耕作は香川県財田大野村（現在の三豊市）出身。蔵が何棟もあり、お手伝いさんも数人いるという裕福な地主だったが、子どもの教育のために高松に移り住んだ。高松市片原町にて「のし・贈答用品」の小売業を創業したのは33歳のときだった。店名は「小野だるま堂」。

当時は婚約時に新郎家から新婦家に結納品を納めるのが一般的な習慣だった。結納品を包む「のし」に使用される水引は松や梅、亀などの姿で作られる。初代の妻・ツネの手先が器用で、細工が得意だったことから「のし・贈答用品」店を開業することにした。

耕作は厳格で気性が激しく、商売は妻や従業員に任せて晩年は彫刻や絵画などの習いごとや囲碁を楽しんでいたという。1945年（昭和20）7月4日の空襲で片原町の店舗は全焼した。小野は創業34年で大きなダメージを負ったが、なんと初代は2代目耕平に何の相談もなく片原町の土地を売却してしまった。耕平は生涯「親父は相談なしに土地を売った」と初代のワンマンぶりを愚痴っていたという。

しかし、そのわずか2年後、2代目は高松市瓦町にて糸・裁縫用品・ボタンの問屋業を開業する。手芸用品問屋として復活したのだ。当時は洋服や身の回りのものを家で手作りすることが多く、手芸用品の需要が伸びると判断した。

手芸用品は場所をとらず、腐らず、あまり流行がないので扱いやすい。また、当時勢いのあった繊維関連業種でありながら、競合が少ないことも参入した理由だ。

2代目耕平はお酒をよく飲んだが、勤勉な性格だった。家族仲は良く家族総出で深夜まで大巻きの糸を小巻きに巻き直して、販売しやすい単位に加工していたという。2代目の妻・妙子も初代の妻・ツネ同様に器用で結納水引細工を加工していた。今でも小野家では息子の結納時に妙子の作った結納水引飾りを新婦家に納めている。

妙子は三豊市高瀬町の光照寺（浄土真宗本願寺派）の生まれで、小柄だが厳格で教育熱心、決断力があり、自分にも他人にも厳しい性格だった。毎日家族全員でお経をあげ、子どもや孫に仏教の教えを説き、週1回のお墓参りを欠かさなかった。

仏教の教えは3代目以降の子孫の生き方に影響を与えただけでなく、その後の小野の経営方針にも多大な影響を与えている。

■融資中止事件で、自己資金の重要性をヒシヒシと

3代目耕一はとにかく勉強熱心で勤勉、真面目な性格。学校では委員長タイプだった。2代目が脳梗塞で寝たきりになると2代目の介護をしつつ、弟の庄平と共に事業拡大に努めた。4代目の兼資は3代目から「お前は仕事だけに集中できる環境に感謝しなさい」とよく言われていたという。

3代目の妻・容子は信仰心の強い家庭に育ち、弱音を吐かず、愚痴らない前向きな性格。商売熱心で的確な指示ができることから3代目にとって素晴らしいサポート役だった。

3代目の耕一・容子夫妻のときに後の小野の発展につながる大きな出来事があった。当時、夫妻は高松の繊維問屋街・塩屋町への本社移転を夢に事業に取り組み、倹約を重ねて貯蓄していた。その甲斐あって塩屋町に土地を購入。本社ビル（鉄筋5階建）建築のための銀行からの融資が内定し、いざ着工となったそのとき……。取引銀行支店長から明確な説明なしに融資中止の連絡が入った。

3代目は建築を諦め、土地を売却しようかと悩み苦しんだ。そんなことが銀行のトップの耳に入り急転直下、建築費用の融資復活が決定。結局、予定どおり1962年（昭和37）に

塩屋町に夢の本社ビルが落成したが、3代目は自己資金の重要性をヒシヒシと感じた。借りる側の態勢が整っていたとしても、銀行の都合やタイミングで融資を受けられないことがあることを痛感したのだ。このときの借金は、3代目夫婦が質素倹約に励んで繰り上げ返済した。その後は財務体質の健全性を徹底し、現在の小野は無借金経営だ。

■「お金はいつでも儲けられる。焦るな、信用を失うな」

商売で重要なことは「信用」だと3代目は常に言っていた。一度信用を失うと取り返すのは大変な時間と労力が必要。金儲けより信用構築を重視した。「お金はいつでも儲けられる。焦るな、信用を失うな」。迷ったときは、これが判断基準だった。

オイルショック、円高不況は経営に大きな影響を与えなかった。実は手芸業界は景気変動の影響を受けにくいのだ。不況に強いが、逆に好景気だからといって業績が上向くわけでもない。好景気のときは地価や人件費が高騰してかえって苦労することもある。

小野はバブルに浮かれて財テクに手を出さなかったので、バブル崩壊の影響はほとんどなかった。

「株や土地、金融商品に投資をするな」。3代目はこのようによく言っていたという。

財テクが成功しても失敗しても商売には良くない。糸や針を売る細かい仕事で薄利。土地や株で儲かると現在行っている商売が馬鹿らしくなる。損をしても痛手。また、気になって本業が手につかなくなる。財テクに手を出して良いことは1つもない。「本業に集中しろ」ということだ。

また3代目は、問屋業の難しさを痛感していた。まず、貸し倒れのリスクがある。さらに、量販店の台頭だ。量販店は販売力をバックに問屋に値下げや、店舗での販促キャンペーンへの協力を要求してきた。かつては「そうは問屋が卸さない」という言葉のように問屋と小売店の間では問屋がイニシアチブをとっていたが、量販店ができて形勢が逆転した。小売店が問屋を指図するようになったのだ。問屋は買ってもらうために一部量販店の言いなりに近いかたちだった。当然、利益は出ない。

■問屋から、前途有望な小売へと舵を切る

4代目の小野兼資社長は、大学を卒業後、同業会社で3年間修業して1989年に高松に戻った。4代目は「問屋業は先細りなので、小売業に進出するしかない」との強い覚悟で出店を開始した。しかし、第1号店は香川県ではなく、瀬戸内海対岸の岡山県。香川県内で小

売業を展開すれば、それまで顧客であった小売業者と競合してしまう。

律儀な性格の3代目は、4代目が香川県内で小売店を出店することを禁じたのだ（後に香川県でも展開）。

1989年、4代目は地盤も看板もない岡山県で小売1号店を開店した。田んぼの真ん中の敷地面積300坪、店舗面積120坪の店だった。店舗名は「手芸センタードリーム」。

店舗名を考えるに当たり、万人に馴染みのある単語で発音しやすい、覚えやすいなどを基準とした。そして、「手作りの夢」「スタッフの夢」という言葉から「ドリーム」がいいということになった。

3代目の小野耕一氏と4代目の小野兼資氏

また、4代目は中日ドラゴンズファンで、特に大学の先輩でもある星野仙一の熱狂的なファンだった。大学3年のとき、星野が引退した。そのとき東京で星野を招いて引退パーティを主催したほどだ。星野はいつも色紙に「夢」と書いていた。それもネーミングの理由の1つだ。

新婚間もない4代目は夫婦で岡山に住み、一からさまざまなことを手配していった。若さとやる気で困難を乗り越えていった。まったく地盤のない岡山で1号店を開店した経験は、後の経営に大きく役立つことになる。

たとえば、新たに電話を引く場合、地元香川ならば電話一本でNTTの担当者が小野にきてくれるので簡単に手続きが完了する。しかし、岡山では加入金を持ってNTTの支店まで出向く必要があり、そして待たされる。

また、店舗内の掃除業者・ゴミ回収業者・広告会社などを手配したくても、一見客の扱いを受けて面倒な手続きをしなくてはならない。4代目は後に香川で開店するときに、地元に知り合いがいて信用があると商売を始めるのがいかに楽か痛感したという。

1号店オープンの半年後に2号店、さらに半年後に3号店と急ピッチで出店を進めていったが、顧客の反応は良く、小売業のスタートは順調だった。

当時は「郊外型の手芸店などあり得ない」と言われたが、4代目には勝算があった。町の小さな手芸店では品ぞろえが少ないが、郊外型の大型店舗ならば品ぞろえが多く、触り心地までチェックすることができる。買い物をしやすい広い店舗と広い駐車場、そして豊富な品ぞろえが多くの女性客から支持されると考えたのだ。

■リーダーが範を示してはじめて、人はついてくる

4代目は盆・正月の店舗休日以外は5年間、休みをとらなかった。やるべきことはいくらでもあり、一人で何役もこなした。店舗での販売・仕入れ・チラシ作り・社員やパートの採用・新店の開発など。店舗は盆・正月を除いて10時から20時までの年中無休営業。チラシは主に朝6時から作る。仕入れの商談は昼間各社15分。セール中は駐車場が混雑するので駐車場整理のガードマンもやった。クレーム処理から面接まで何でもこなした。

弟の修一（現在取締役）も大学生だったので長期休暇は店舗に入り戦力になった。また、妻・美佐子も販売スタッフとして活躍した。家族総出で働いた。勤務は大変だが、苦にはならなかった。

3代目は質素な堅実経営を行い、社員が事業拡張の提案をしても受け付けず、守りの経営に徹していた。そこへ息子が帰り、岡山で大型店の出店。社内には「息子の提案は受け入れるんだ」という冷ややかな空気があった。

「絶対に成功して帰らないと今後の立場がない。大きな投資のため、失敗は即、会社の存続にかかわる。失敗は許されない」と覚悟を決めた4代目は、とにかく仕事を最優先。祖母の

葬儀も途中で切り上げて店に戻るほどだった。

3代目も4代目も率先垂範《すいはん》、リーダーが前に出て範を示すことを大切にする。誰よりも早く出てきて一番多く仕事をするタイプだ。小売業ではそのほうがPDCAのサイクルを速く回せるので失敗してもすぐに軌道修正できる。小売店の売上は順調に拡大した。

4代目は3代目から言われたことを肝に銘じている。「本社に座って指示するより、店に行け。現場を見て自分が動け。口だけで誰がついてくるか、人の2倍も3倍も働け」。

■「やってだめなら、やり方を変えればいい」——新天地での挑戦

中・四国地区に20店舗ほど出店してドリームの知名度が上がってきた2003年（平成15）9月、大阪出店の誘いが舞い込んできた。4代目はぜひ挑戦したいと思ったが、慢性的な人手不足だったし、遠距離の転勤となるため店長を誰にするか悩んだ。

商人の街である大阪でビジネスをするのは簡単ではない。しかも、老舗で手ごわい同業他社が多い。ベテランだと先入観があり、やる前からネガティブになる。あまり競合のことを知らない若手、そして女性を店長にしようと考えた。そして入社3年弱の女性社員を店長に任命した。

本人に伝えると、「重責すぎる」と断られたが、自分も当分は新店に入るし、責任はすべて取ると言って出店した。関西1号店の売上高は予想以上だったが、その後出店した関西の店舗では思ったような売上高を確保できず苦労した。知名度が上がるには時間が必要だし、人材教育には手間暇がかかる。

そして2008年（平成20）関東地区、横浜への出店へと進んでいく。関東地区は難しいと感じていたが、4代目は持ち前のチャレンジ精神で「やってだめなら、やり方を変えればいい。どうしてもだめなら撤退したらいい。チャレンジせずに諦めるのは一番後悔する」と出店に踏み切った。

関東出店では関西での教訓が生きた。新しい土地で知名度を上げるには時間がかかるので関東地区は商業施設への出店を基本としたのだ。ドリーム店単独での集客力が弱くても、商業施設がお客を集めてくれる。商業施設までお客が足を運んでくれればドリーム店へ誘導するのは難しくない。

ただ、集客力のある施設は家賃が高い。しかし2008年はリーマンショックがあり、その後数年間は家賃が大幅に下落した。これを狙ったわけではなかったが、関東出店に当たって運が良かった。

4代目は「商売をしていくなかでは運も重要」という。運が良い人もいれば、悪い人もいる。また、運の良い時期もあれば、何をやってもうまくいかないときもある。4代目は、幼いときに両親や祖父母から「毎日、仏壇に参れば仏様や先祖が守ってくれる。困難なことが起きても謹んで困難を受け入れろ」とよく言われた。どんな時でも感謝の気持ちを忘れず、人を恨まず、ポジティブな気持ちを持って行動すれば運は後からついてくる、という意識で毎日仕事に取り組んでいる。

その後、関東地区での店舗数を拡大し、山梨県と石川県にも出店、2021年には新潟に3店出店した。

規模が拡大するとオリジナル商品を作れるようになる。店舗情報をもとに顧客ニーズに対応した商品をそろえれば売上は伸びる。また、オリジナル商品は全品買い取りなので利益率が高いし、品質にこだわることもできる。規模拡大↓オリジナル商品増加↓採算向上↓利益を出店費用に充当↓規模拡大、という好循環ができあがっている。

しかし、単に規模が拡大すればよいというわけではなく、不採算店の閉鎖も断行してきた。赤字店の場合、売上が25％増えても赤字が継続すると判断した場合は閉店すると決めている。

■後継者を幼少時に指名し、長期で経営計画を立てる

２０１９年には5代目の兼一が入社した。5代目は大学卒業後、外資系コンサルティング会社に勤務し、自らプログラミングスクールにも通ってデジタルにも精通している。４代目とは異なりＩＴリテラシーが高く、会社ではデジタルトランスフォーメーション（ＤＸ）推進の先頭に立っている。

店舗によって顧客の年齢層や趣向が異なるが、ＤＸで顧客ニーズを探れば、売れ筋商品をそろえられる。また、働き方が多様化する現代において人事・労務管理業務はますます複雑化していく。こうした業務を効率化するうえでもＤＸの役割は大きい。

ＤＸ化によって小野の弱かった部分を強化していく5代目は、今後が楽しみな後継者だ。

後継者選びが企業の存続にとって重要なことは言うまでもない。３代目は時代の性格上、長男が後継者であることが当然という理由で継いだ。勤勉で真面目な性格が評価された。

４代目は幼いころに「あなたが継ぎなさい」と次男であるにもかかわらず祖母から指名された。長男はおとなしい性格で勉強もできた。次男の兼資はやんちゃで社交的。こんな性格を見て祖母が判断したようだ。本人は何の迷いもなく家業を継いだ。

5代目も幼いころ、後継者に指名された。小学校の卒業文集には将来の夢として「ドリームを大きくする」と書いた。こちらも迷いなく家業を継承している。

「子どもにこんな苦労はさせたくない」「本人が成人してやりたいと言えばやらせる」と言う中小企業の経営者が多い。そして「子どもに能力がなければ社員に継がせる」と言う経営者もいる。しかし4代目はそう思わない。早い段階から後継者が決まっていないと長期経営計画が立てられないからだ。また中小企業の場合、債務の個人保証を考えると、能力が高くても身内ではない社員が継承するのは難しい。

4代目は「実子を後継者に指名して、幼い時からその気にさせるのが理想的だ。そのためには夫婦仲・家族仲が良くなければならない」と言う。

■既存事業はベテラン、新規事業は若手

小野の場合、初代が「のし・贈答用品小売業」、2代目・3代目が「手芸用品問屋業」、4代目・5代目が「手芸専門店小売業」と業態を変えてきた。企業が存続し続けるためには時代に合わせて業態やエリアを柔軟に変化させていくことが重要だ。

変化するには財務体質の健全性が重要となってくる。借金が多くては変化に対応できない。

また、中小企業が業態転換したり、新規事業を開始したりするのは後継者が入社した時期が最適だ。既存事業は先代が番頭など既存社員と行い、後継者は新規事業を担当するのが理想的。たとえ失敗しても後継者は新規事業の困難さを味わい、将来のために貴重な経験を積むことができる。既存事業だけを親子で行うと経営手法などで対立する。中小企業での親子対立はよくあるが、非常に醜いし、巻き込まれる社員が迷惑する。親子対立によって業績が落ち込むこともある。

小野の場合、5代目は入社してから4代目がタッチしないDX業務に注力している。5代目がDX業務を担当しているからといって、4代目と離れているのではなく、2人はコミュニケーションを密にして、会社の将来像やウィークポイントについて話すことが多いそうだ。4代目は既存業務を、5代目は新規事業を遂行しながら、共に協力して小野の発展を目指すという構図になっている。

■どんな環境変化にも揺るがない成功法則

小野の成功から日本企業の成功パターン2つを見ることができる。まず1つ目は企業の伝統を維持しつつ、時代の変化に合わせて業態を転換させるというパターン。たとえば、トヨタ自動車は布を織る織機で創業し、堅実経営の伝統は保ちつつ、自動車へ事業転換して世界トップクラスの自動車メーカーとなった。

小野も堅実経営という伝統を維持しながら、時代の変化に合わせて業態を「のし・贈答用品小売業」「手芸用品問屋業」「手芸専門店小売業」へと転換させてきた。

2つ目は人口の少ない地方でビジネスモデルを構築し、その後、消費者の多いエリアに進出して成功したというパターン。具体例としては山口で創業したファーストリテイリング、広島の青山商事、岡山のはるやま、北海道のニトリなどがある。小野も岡山でビジネスモデルを構築した後で関西、関東へ進出して業績を伸ばしている。

関東は市場規模が大きいが、家賃も人件費も高い。4代目は「いきなりコストの高い関東で始めてもキャッシュが回らない。ビジネスモデルを構築するためには、少ない資金でもビジネス可能な地方のほうが適している」と言う。

2020年は新型コロナウイルス感染拡大でマスク需要が高まり、ガーゼやゴム紐など手作りマスクの材料が爆発的に売れた。各店舗では特設コーナーを設けて、マスク材料とマスクの作り方を紹介したが、これが大人気だった。

また、コロナで外出しにくくなったため手芸人気が高まった。しかし、コロナが収束すれば、巣ごもり需要は減少する。そこで今後は「各店舗での手芸教室やイベントなどを通じて手芸愛好家を増加させたい」（4代目）。

アパレルやその他の小売業では業績不振のため、エリアマネージャークラスの退職が相次いでいる。業績の安定している小野はこうした人材を迎え入れて積極的に出店する方針だ。これまで人材不足が課題だった小野にはチャンスが訪れている。

過去111年間、あらゆる環境変化に対応してきたように、今回もまた変化を乗り越えて前進するだけだ。

何があっても潰れない会社の極意

- ✔株、土地、金融商品にむやみに投資せず、本業に集中した
- ✔時代に合わせ業態をのし・贈答用品小売業→手芸用品問屋業→手芸専門店小売業へ転換
- ✔地方でビジネスモデルを構築したのち、消費者の多いエリアに進出して成功した

無限に広がる「くっつける」の可能性
風通しのいい社風がヒットの原動力

ヤマト株式会社（文具製造・販売）

■前代未聞の「腐らないのり」

大八車に「腐らない」ヤマト糊を載せて、会社、学校、銀行などに売り歩いた

創業123年、数々のイノベーションと共に歴史を紡いで人々の生活に浸透し、今なお事務用液状のりにおいて不動の国内シェアナンバー1を誇る企業がある。ヤマト株式会社（以下、ヤマト）である。

企業名でピンとこなければ、円錐状の透明な容器にオレンジ色のキャップの事務用液状のり、あるいは緑色のチューブ容器に黄色のキャップの工作用のりといえば、日本に住む人なら誰もが思い当たるだろう。

幼いころに手をベタベタにして、あの工作用のりを使っていた記憶があるし、今も仕事などで封書を送る際には、あの事務用のりを使っている、そんな人も多いはずだ。これらの製品をはじめ、さまざまな種類ののり、テープなど、接着・粘着商品を企画・製造・販売しているのがヤマトである。

その歴史は意外にも、ある小売商の挑戦から始まる。1899年（明治32）、両国で薪炭商を営んでいた木内弥吉は、炭の小分け販売用の袋に使うのりがすぐに腐ってしまうことに悩んでいた。当時、のりの原材料は米だった。つまり炊いた米と同様に保存がきかず、のりは数日で傷むものだったのだ。

ヤマトのトレードマーク。「丸的に矢」＝「ヤマト」

一計を案じた弥吉は有識者から知識を集め、のりに防腐剤を添加した。防腐剤の刺激臭を消すために香料も入れた。さらには、腐らずいい香りがし、そして固まらず保存のきくのりを完成させた。これが「ヤマト糊」の起源である。

こうして完成した「なめらかで、いい香りの腐らないのり」を「ヤマト糊」と名付けたのは、「矢に的が当たる＝商売が大当たりするように」と願ってのことである。弥吉は、この画期的なのりを自家用とするだけでなく商品とし、ヤマト糊をガラスの容器に入れて販売するなど、それまでにない革新的なアイデアを考案し、大八車に載せて売り歩いた。このころ考案された「丸的に矢＝ヤマト」のトレードマークは、今も同社のロゴにあしらわれている（前ページ図参照）。

しかし、木内弥吉には商売を引き継ぐ子がなかった。そこで訪れた大きな転機は、かねてより親交のあった呉服繊維商・長谷甚商店による買収だった。今でいうM&Aだ。これが、長谷川家が代々経営を担うヤマトの出発点である。

以降、ヤマト糊の看板は長谷甚商店に引き継がれた。絶対的な高品質に加えて販路拡大の成功により、ヤマト糊はみるみる巷の評判を獲得していったのである。

■家訓「一代一起業」が生んだイノベーション

長谷川家には「一代一起業」という家訓がある。読んで字のごとく「一代ごとに何かしら新しい事業を起こせ」という教えだ。

一子相伝で1つの事業を受け継ぐのではなく、新規事業を開拓せよ。初代・甚之助の呉服・繊維商以降、2代目から現在の4代目においてもその哲学は確実に具現化されている。

2代目・武雄が経営を担っていた戦時中は、のりの原料である米も芋もとうもろこしも、すべて食糧として統制されてしまった。苦肉の策として、武雄は彼岸花やダリアなどの植物の球根から澱粉を抽出し、のりの原料として使用した。さらに、加熱処理をしない化学的処理を施し、より強力で劣化しない澱粉糊を作る「冷糊法《れいこ》」を完成。のちに製法特許を獲得する。

さらに食品会社を買収し、保存食を海軍に納品する事業も行った。戦争による経済逼迫という社会情勢のなかで、何とか糊口《ここう》をしのぐための事業だった。まさに戦争と共に歩む時代だった。

戦争が終わり、日本が一面焼け野原から再出発したころに経営を受け継いだのは、3代目・澄雄である。澄雄が始めた新しい試みは、ヤマト糊を入れる容器をガラスや陶器からプラスチックに切り替えることだった。

それまでの容器で売られていたヤマト糊は、品質には定評がある反面、「重い」「割れる」という欠点もあった。いかに軽くて持ち運びしやすい容器を考案するかというのは、2代目の時代からの課題だったのだ。

当時、新素材であったプラスチックは非常に高価だったが、ガラスや陶器の難点をクリアできるものだった。そこで大胆な決断を下したことで、ヤマトはプラスチック容器を採用した先駆けの企業となった。

その後、日本は高度経済成長期に突入。ここで澄雄は大きな海外進出を成功させる。1960年（昭和35）、アメリカの大手メーカー・スリーエム社の日本における文具関連の販売代理店となる業務提携契約を結んだのだ。同社の代名詞「スコッチテープ」を皮切りに、ヤマトはスリーエム製品の国内での展開を一手に引き受けることとなる。

実は2代目・武雄は40代で若くして亡くなっており、澄雄は大学2年生のころに事業を引き継いだという。それから学業と事業の両立をはじめ数々の苦労を重ねつつ、約50年間にもわたって社長を務めた。現在は会長になっている澄雄を、4代目・長谷川豊社長は「二人目の創業者みたいなもの」と表現する。

そして、その長谷川豊社長もまた、2000年（平成12）の代表取締役社長就任と共に新しい柱を立てた。法人需要が大半を占めていたヤマトに、これからのペーパーレス化や少子高齢化に対応するため、個人需要を呼び込むことを考えたのだ。

もとより接着・粘着分野には自信がある。そこで事務用品としてではなく、個人の趣味の世界で使ってもらえるよう、ステンドグラスのような貼って剝がせるシールが作れる「グラスデコ」などを世に送り出した。その分野は、ホビー・クラフトといったアート商材だ。

■物と物をくっつけ、新しい付加価値を創造する

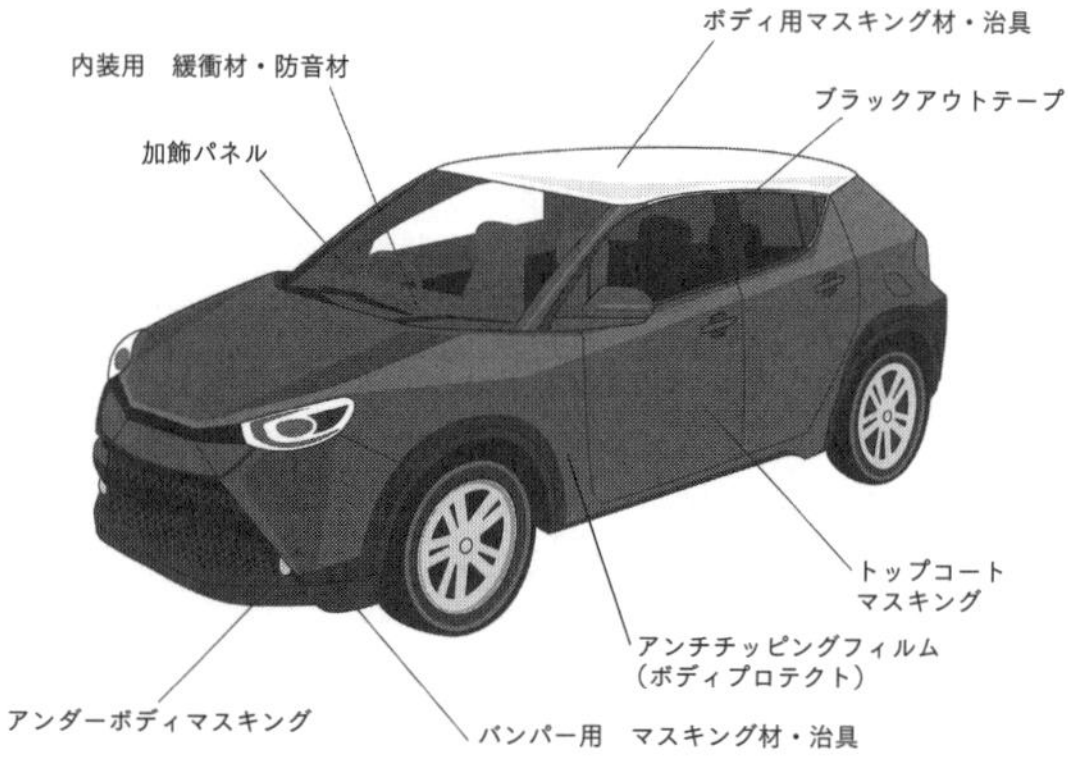

自動車の製造工程で用いられる各種「型テープ」など

既述のように、ヤマトは「一代一起業」の精神で事業を拡大してきた。戦時中には難局をしのぐため一時的に食品事業に参入したことはあったが、ヤマトの企業理念は、昔も今も「1つの物を他の物とくっつけ新しい価値を創造する」だ。

現在のヤマトの事業は、非常に多岐にわたる。たとえばインダストリー事業部の事業内容を見ると、「自動車産業」「エレクトロニクス産業」「製紙産業」「原子力産業」と多様な分野が並んでいる。一見、「のりやテープのヤマト」のイメージとは結びつかないものばかりだが、具体的にどんなことをしているのか。

まず、インダストリー事業部は、自動車産業向けでは、加工製造販売を行っているが、その他の産業向けには主

には商社的機能で、各産業から相談、依頼を受けて商品を探してきたり、素材・材料メーカーに製造を委託し、完成した製品を依頼元に販売したりしている。

たとえば主に海外に4つある拠点から自動車産業向けに加工販売しているのは、自動車の製造工程で使われる型テープなどだ。ざっと種類を挙げれば、自動車パーツの塗装時に使用されるマスキングテープ（色をつけたくない部分に貼る）、ドアサッシに貼るブラックアウトテープ、パーツとパーツの間に貼る緩衝材、自動車のプラスチック内装材などに貼り付ける加飾用のシール、納車までタイヤのホイールなどに貼り付けておく保護フィルムなどが型テープに当たる。

また、製紙産業に対しては、ロール紙に使われる水溶性テープなどを販売している。昔ながらの「ちり紙交換」に代表されるように、製紙業界は、古くからリサイクルの仕組みが確立している業界だ。

企業や家庭から排出される古紙は業者によって回収され、製紙会社に運び込まれる。その古紙と新しいパルプから製紙会社は巨大なロール紙を作り、それがさまざまに加工されてパッケージや書籍などの商品となる。そして、その商品を消費した個人や企業が古紙を排出し、また回収、製紙、消費……というサイクルだ。

製紙会社が作るロール紙には「くっつける」必要のある箇所が3つある。紙の端を芯に貼り付けて巻き始める箇所、紙と紙をつなぐ箇所、そして巻き終わりに固定する箇所だ。ヤマトは、この3箇所に使う水溶性テープを販売しているというわけだ。

なぜ水溶性かというと、すでに述べたとおり製紙はリサイクル前提だからだ。古紙はまず熱湯でどろどろに溶かされる。通常のテープでは、この工程で接着剤のネバネバが残ってしまい、製紙工程の大きな妨げになるのだ。

「水に溶けるテープ」が求められるのは製紙業界に特有なことだ。かつてはヤマトの同業他社にも水溶性テープを扱う企業があったが、デジタル化に伴う紙の需要低下を見込んで撤退してしまった企業もあるなかで、古くから水溶性テープを扱ってきた経験から培われた専門知識は、業界内でたいへん重宝されているという。

ではエレクトロニクス産業はどうか。実はテープの需要が多い産業であるという。たとえば、納品時のスマートフォンの液晶に貼られている保護シートだ。あるいは、冷蔵庫の扉、冷蔵庫内の可動式棚や引き出しなど、至るところを固定しているシールなどもそうである。いわれてみれば、新品で購入した電化製品を使い始める際には、必ずいくつも保護シールや固定テープを剝がすことに気づく。

ヤマトは、こうしたテープ、シールの類も加工販売している。

さらに、先ほど触れたインダストリー事業部の事業内容には「原子力産業」もある。これは自動車産業や製紙産業以上に想像がつかないのではないだろうか。原子力発電所には定期的に検査が入る。その際には精密機器などを保護する必要があるのだが、ヤマトは、そこで使われる養生テープを販売しているのだ。

これは、ただの養生テープではない。原子力発電所で使われたものは、放射能汚染のリスクがあることからすべて焼却処分しなくてはいけない。焼却の際に有害ガスを発生させないことも義務付けられており、ヤマトの養生テープは、「環境負荷がない」という専門検査機関のお墨付きを得ている。

このように多岐にわたるヤマトの事業だが、内実を知ってみると、すべてにおいて「くっつける」という企業理念がみごとに通底していることがわかる。それにしても、これだけ分野の異なる幅広い業界との付き合いは、いかにして始まったのか。一番のきっかけとなったのは3代目・澄雄が取り付けたスリーエムとの業務提携だった。

スリーエムは産業向けの接着剤なども製造している。当初、ヤマトは文具の販売を請け負っていたが、どちらからともなく、産業向けの製品も日本で展開してはどうかという話になった。そこで当時の営業部員たちが国内の各産業を営業して回り、販路を開拓したという。

こうして産業界とのつながりが構築され、やがては産業界の各方面から、何かと何かを「くっつける」ことに関して相談や要望が舞い込むようになった。そして今のような幅広い産業向け商品を販売するに至っているというわけである。ある社員は、こう話す。

「『くっつける』ということを起点に多方面に展開していく。当社はそういう水平展開が得意な会社なのかもしれません」

たしかに、古くは木内弥吉が考案し、継承したヤマト糊から、事務用液状のり、インダストリー事業、さらにはホビー・クラフトと、「物と物をくっつける」というたった1つの機能を横へ横へと派生、拡大させるかたちでヤマトは事業の幅を広げてきた。

それが長谷川家の「一代一起業」のかたちである。

■風通しのいい社風がヒットの源泉

4代目である長谷川社長の父であり現会長の3代目・澄雄は、辣腕タイプの経営者だった。高度経済成長期やバブル経済期など、日本経済に勢いがあったころは「右向け右」の経営が奏功した。そういう時代のヤマトを澄雄は圧倒的存在感を持って力強く率い、それが業績につながったことは間違いない。

だが時代は移り変わり、その経営スタイルが必ずしもフィットしなくなった。そこで長谷川社長が取り組んだのが、風通しのいい社風作りだったという。

一例を挙げれば、商品だけにとどまらず企画案は誰が提案してもいい。もちろんボツになる企画も多いが、筋の良さそうな案はみなで揉んで練り上げ、最終的にはできるだけ企画立案者に任せるようにしている。数字的な成果だけで評価しないために、さまざまな賞を設け、年に一度、社員を表彰する。お客様相談室に寄せられた声も積極的に吸い上げる。

そういう企業風土を新たに醸成してきた結果、従来では考えられなかったような斬新な商品も次々と生まれているという。蓋を開けてみれば失敗したもの、成功したもの、さまざまだが、こうした社風作りは個人需要を開拓するためにも必要な改革だった。

なぜなら個人需要は人の「趣味心」をいかにくすぐるかが勝負であり、そこでは企画者という一個人の趣味心、センスがモノをいうからだ。誰でも思い思いに企画し、立案できるという企業風土が、個人需要の開拓とみごとマッチしたわけである。

単に機能性が高い文房具というだけでなく、「かわいいから」「持っていると気分が上がるから」使いたくなる文房具。この点で、あくまでも機能性重視の法人需要の文房具とは大きく異なる。

ヤマトの代名詞ともいえる、例のオレンジ色キャップの「アラビックヤマト」は、今も事務用液状のりシェアナンバー1だ。とはいえ、「文具業界は全体的に低迷している」と長谷川社長は話す。なかでもヤマトとして見過ごせないのは需要の変化だ。

ここ30年来、法人需要が低迷しているという。1991年（平成3）のバブル崩壊、2008年（平成20）のリーマンショックと、国の経済が打撃を受けるごとに企業はコストカットに走り、その煽りでヤマトの法人需要は低迷してきた。

こうした法人需要の低迷こそ、実は、長谷川社長が経営を引き継いだ直後から、個人需要の呼び込みに注力してきた背景であり、それに伴い、販売方法の変化にも対応してきた。

法人需要の低迷は、2020年に始まったコロナ禍においても同様だった。いや、「個人の生活態度、消費行動など諸々が根底から変わるのではないか」という長谷川社長の言葉からは、これまで以上に大きな変化が文具業界に押し寄せる可能性すら窺われる。

たとえば、コロナ禍を機に一気に一般化したリモートワークにより、文房具はこれまで以上に「企業が一括購入して支給するもの」から「個人が自分の好みに応じて買うもの」へと変わっていくはずだ。機能性は高いが無機質な事務用品から、機能性とデザイン性を兼ね備えた事務用品へのシフトチェンジが求められていると見ることもできる。

しかし、ヤマトが守り育てるべき企業理念は変わらない。それればかりか、「くっつける」対象を物だけでなく人や社会へと広げる道をも、長谷川社長は模索している。たとえば、「人と人を『くっつける』ということで、マッチングサービスなども面白いのでは？」と言うのだ。

物であれ人であれ「接着する」ということを通じ、人々の幸せに貢献したいというのが、長谷川社長が思い描くビジョンである。移り変わる時代のなかで、これからもヤマトは「くっつける」の可能性を果敢に探り、切り開いていく。

何があっても潰れない会社の極意

- ✓「一代一起業」の精神で時代ごとに新たな商機を見出し、成功した
- ✓ペーパーレス化や少子高齢化に対応するため、個人需要を呼び込んだ
- ✓「物と物をくっつける」機能を派生・拡大させ、事業の幅を広げた

行商人から、空間作りの総合プロデューサーへ「特殊特徴品」で次の400年に向かう

小泉産業株式会社（建設・住宅・設備）

■ニーズの変化を敏感に察知し、農業から商業へ

小泉産業株式会社は、照明のコイズミ照明株式会社、家具のコイズミファニテック株式会社、インテリアから家電、内装材、省エネなど施設関連の機器販売および施工の株式会社ハローリビング、物流のコイズミ物流株式会社、什器や家具の搬入・設置サービスの株式会社ホリウチ・トータルサービスを擁する持株会社だ。

そのルーツは、1716年、近江《おうみ》（現在の滋賀県）で、武士の家系でありながら行商を始めた小泉太兵衛《たへえ》にある。

勤勉な性格の太兵衛は、まず田を購入して農業に励んだ。ところが、その田は米がうまく育たない悪田だった。そのままでは年貢を納められないため、太兵衛は、わずかな資産を切り崩し、近江産の麻布を仕入れて行商を始めた。時代の変化を敏感に感じ取った太兵衛の大

きな決断であった。

戦国の世が終わり江戸時代に入って以降、日本各地で荒れ地の開発が進み、新たな村が誕生し、人口増加と共に新たな商品市場が生まれた。それに呼応するかのように、近江国の北部を治めた彦根藩では商業自由化政策がとられた。そこで「これからは農業ではない、商業だ」と考えた太兵衛は農業を見限り、行商に専念することにしたのだ。

行商といえば、まず信用がなくてはならない。客の要望を知って応えれば、まずある程度は信用される。さらには客自身ですら気づいていない内なる要望を察知して提供する。そこで生まれる客の感動によって、また新たな信用が醸成される。

商いというものは、このように信用をベースに広がっていく。それは今も昔も変わらないのだから「信用第一で正々堂々と仕事をせよ」と、小泉産業グループ（以下、小泉産業）の社員は新入社員のころから教わるという。

さて、武士から農家、農家から行商人へと転身した初代・太兵衛だったが、小泉家が実店舗を構えたのは、それから100年余り後のことである。

1847年（弘化4）には京都の富小路六角に近江屋新助商店を開業。続いて1871年（明治4）には大阪・船場に立木屋森之助商店を出店。時代は明治。国を挙げて富国強兵と文明開化が推し進められ、活気みなぎるなかでの開業だった。

さらに1904年（明治37）には同族5人で小泉合名会社を設立、1915年（大正4）には小泉重助商店を開店、という具合に、太兵衛の子孫たちは麻布の行商から始まった商いを着々と拡大し、小泉家は一大商家へと成長していく。

■「不況がもっとも好きである」――逆境でこそ、店は強くなる

300年以上にもおよぶ小泉産業の歴史のなかでも、特筆すべきは3代目・重助だ。3代目というのは、太兵衛の後、経営に携わった人物の一人である5代目・新助の分家の初代・重助から数えて3代目ということである。

小泉合名会社を設立した同族5人のうちの一人だった3代目・重助は、1915年（大正4）に小泉重助商店を開店する。小泉重助商店は1941年（昭和16）に法人化されて株式会社小泉商店となった。商家としての小泉家の始祖を小泉太兵衛とすれば、3代目・重助は現在の小泉産業の実質的な創業者といえる。

3代目・重助は人一倍の好奇心を持って世界に目を向けた。商売のヒントを求めてのことだったが、最初に訪れた中国でも、次に訪れたアメリカでも大きな収穫はなかった。しかし、

シカゴのデパート経営者・マーシャルフィルドとの出会いだけは衝撃的だったと言い伝えられている。

問屋の進むべき道について問うた3代目・重助に、マーシャルフィルドは、こう答えたという。

「日本の問屋は悪性のブローカーだ。真の問屋として生きるには『特殊特徴品』によって生きなければだめだ。マーシャルフィルド・デパートの卸部はそれをやるためにある」

真の問屋として成功したいのであれば、どこにでもあるものではなく、ましてや、まがい物でもなく、特殊で特徴のある自社ならではの品物を扱え。その考えにいたく感銘を受けた3代目・重助は、以来、「特殊特徴品」を商いの精神的支柱の1つとした。後でも触れるが、この理念は現在の小泉産業にもたしかに継承されている。

その3代目・重助が残した言葉に、「不況がもっとも好きである」というものがある。1930年（昭和5）の世界恐慌の折、3代目・重助が社員に配布した「不況対策と小泉商店」という冊子の中にある言葉だという。好況時、人は儲けだけを求めすぎ、後でその余波に苦しむ。一方、不況という逆境こそ、人の心を引き締めて真剣にさせるので、店はより強くなる。だから「不況がもっとも好きである」と記したのだ。

権藤浩二現社長も次のように話す。

「正直に言って、うちにはいわゆる秀才はほとんどいないと思います。しかしビジネスでは秀才たちに勝るという自信がある。なぜかといえば、困ったときに2倍働く、2倍考える、あるいは、お客様のところに2倍出向く――要するに倍努力すれば足りないところは補えるんだと繰り返し教わるからです」

人一倍の努力をもいとわないバイタリティこそが成果につながるという、ある種、泥臭い仕事意識は小泉産業が持つ強みの1つということだろう。

■社員全員で決算書を読み、経営者感覚を育てる

会社という組織にとってもっとも大事なのは、会社を継続的に成長させ、会社を潰さないようにすることだ。そのための第一の課題はもちろん、しっかりと収益を出すことであり、それには社員が経営者感覚を持つことが重要である。

小泉産業では、「社員全員が決算書を読めるようにする」ということを通じて、社員一人ひとりの経営者感覚を養っているという。

新入社員にいきなり決算書を見せても何もわからないだろうが、会社の数字は小さな数字

の集積だ。会社全体の数字は各事業部の数字の集積であり、各事業部の数字は各課の数字、各課の数字は各チームの数字、そして各チームの数字は各個人の数字の集積である。

このように会社の数字を個人レベルにまでブレークダウンしたところから、数字の見方、考え方を教えているという。

たとえば1つの事業部で年間3億円の売上、5000万円の営業利益という数字は何を意味するのか。売上とは何か、営業利益とは何か、あるいは経費とは何かなども含めて、数字の意味するところを現場で教える。そして、目標達成のために自分が所属する部は、課は、チームは、そして自分自身はどれくらいの数字を出せばいいのかを考えさせる。

数百億円というグループ全体の巨大な数字は具体的にイメージしにくくても、自分が所属する事業部くらいならば、たとえば「自分が使った交通費は経費として利益から差し引かれる」というレベルから考えられる。そうしているうちに、みな次第に大きな数字も読みこなせるようになっていく。

「一社員であっても経営者感覚を持って仕事に臨め」というのは、よく聞く言葉だ。だが小泉産業では、それを企業風土として浸透させ、個人任せにするのではなく、所属部署にかかわらず手取り足取り数字の見方を教える。こうして現実的に一人ひとりが経営者感覚を持てるようにしているのだ。

数字の教育を施す以上、会社の数字はグループ全体の決算書から事業部ごとの収支まで、すべて全社員に公開しているという。だから、たとえば自分が所属するA営業部と隣のB営業部とでは何が違うのかといった比較をすることもできる。それにより「負けてられない」と奮起することもあるだろう。

それにしても、なぜここまで社員にオープンにしているのか。「社員は家族」というのが権藤社長の答えだ。家族に隠し事はしないという、さも当然といった風情である。さらにその視線は、社員自身の家族にも注がれている。

「自分がどんな会社に勤めているのか、数字的なことも含めてきちんと説明できたほうが、ご家族を安心させられるでしょう。そのためもあって、ただ数字をオープンにしておくだけでなく、毎年、決算期には私から社員に向けて決算報告をしています。そのほうが真実味が増しますから」

会社の数字が理解できれば、今の自分のがんばり方も見えやすい。明確な目標を立て、それに向かって着実に努力することができる。そして会社の利益は社員のがんばりの結果として還元される。

会社は株主のためにある、というのが昨今の企業に顕著な姿勢だが、小泉産業の意識は、より社員に向けられているようだ。それは、経常利益の何割かを業績賞与として、固定賞与に上乗せするかたちで社員に還元している点にも現れている。

経営者感覚を育てるという社員教育の根幹にあるのは、ただ努力を惜しまず会社に貢献できる人材になれ、という考えではない。社員全員に「アイ・ラブ・コイズミ」になってほしいとの願いだという。会社の数字を理解し、損失も利益も「自分ごと」として捉える。そのなかで培われる愛社精神が、同じ志を持つ者の集合体としての会社の絆を強くするのだ。

■「DALIシステム」の導入で業界トップを走る

グループで幅広い事業を手掛けている小泉産業のなかでも、近年、とりわけ他社優位性が際立っているのは、子会社のコイズミ照明が導入した最先端の照明制御の国際規格「DALI（Digital Addressable Lighting Interface)」だ。コイズミ照明は、小泉産業の売上の約7割を占める稼ぎ頭である。

ヨーロッパを中心に広く普及しているDALIとは、照明器具のオン・オフや明暗調整、さらに光色の変化を楽しむこともできるシステムだ。また、エアコンや空気清浄機、ブライ

従来の制御システムとDALIの違い

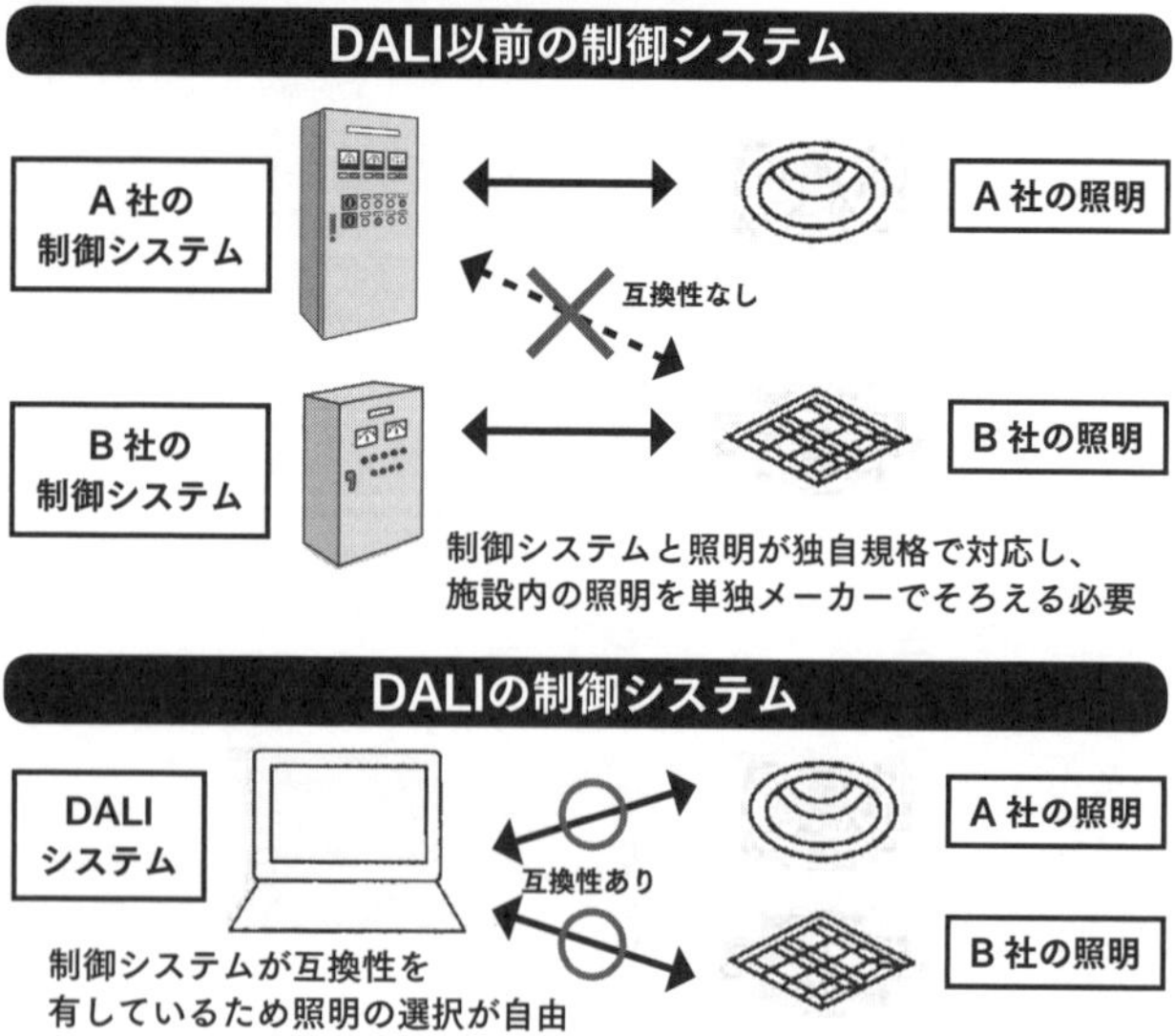

ンドなどの諸操作、消費電力の監視・管理などと連携し、一括して制御することもできる。なぜこれが画期的なのかというと、世界中の全メーカーの製品にも適用できる国際規格だからだ。

DALIが登場する以前は、A社の照明にはA社製の制御システム、B社の照明にはB社製の制御システムでないと機能しないというように互換性がなかった。したがって、仮にある施設でA社の制御システムを使うのなら、その施設内のすべての照明器具をA社製でそろえなくてはいけなかった。

そんな業界の構図を崩したのがDALIだった。DALIを導入すれば、消費者は「A社の制御システムならA社の照明器具」という縛りから解放され、照明器具の選択肢が一気に広がる。小さなメーカーにも、今までにない販路が開ける可能性があるというわけだ。

ＤＡＬＩの強みは、メーカーを超えた互換性だけではない。近年、「ヒューマン・セントリック・ライティング（ＨＣＬ：Human Centric Lighting）」の取り組みに力を入れる企業が増えている。ＨＣＬは欧州やアメリカで広がる照明の概念の１つで、照明の明るさや色などの調整によって照明下で過ごす人の集中力を高めたり、生活リズムを改善したりすることなどを目指している。たとえば、ＤＡＬＩでは人がいる場所にだけ照明を当てるといった細やかな制御ができるため、オフィス環境の見直しを進めている企業の間で注目度が高まっている。

DALI制御空間では、太陽光のように時間帯によって照明の色を変化させることも可能

特にコロナ禍では、働きやすさ向上の一環としてオフィス環境の改善に取り組む企業が急増。それに伴いＤＡＬＩを搭載した照明器具、特に調色機能を持つ器具の売上が増加した。

ただし、住宅や施設の着工数は近年、減少傾向にある。その実情を鑑みれば、コイズミ照明がグループの売上の約7割を占めている偏った状態は決して望ましいとはいえない。

ＤＡＬＩシステムによって売上は伸びたとはいっても、照明を取り付ける住宅やオフィスの新規建設が減ることは、コイズミ照明の販売先が減ることを意味する。また、安価な量販品の波は照明分野にも押し寄せており、価格競争にもさらされつつある。

そこで今後の展開として、小泉産業では、物流事業や家具事業など、他のグループ会社の成長にも改めて力を入れていくという。

現在、コイズミ物流の売上の多くはグループ内物流で占められている。今後はグループ外へと取引対象を広げることで、まだまだ伸びる可能性が見込める。

また、近年ではリモートワークが普及し、自宅での労働環境を整えるニーズが高まっている。ダイニングテーブルやリビングのローテーブルは、長時間、仕事をするには非常に使い勝手が悪い。長年、学習机を作ってきたコイズミファニテックにとって、リモート化は「大人のための学習机」という新たなビジネスチャンスとなりうるのだ。

■企業ロゴ「＿違う発想がある」に込めた哲学

２０１５年（平成27）、小泉産業は30年ぶりに企業ロゴを刷新した。
社員を中心としたブランド推進プロジェクトから生まれた新しいロゴには、メインロゴ「ＫＯＩＺＵＭＩ」の下に「＿違う発想がある」というブランドステートメント（企業の理念や使命を明文化した言葉）が添えられている（上図参照）。

KOIZUMI
＿違う発想がある

小泉産業の理念を表した企業ロゴ。2015年から現行のデザインになった

この新ロゴとブランドステートメントに関して、権藤社長はこう話す。

「次の４００年に向けた企業存続を考えると、やはり仕事を真面目に誠実に続けていくというのが一番大事だと思います。そこで改めて思い出されるのは、３代目・重助がアメリカから持ち帰った『特殊特徴品』主義です。これはお客様に『コイズミのものだったら買いたい』と思っていただけるような、コイズミならではのモノやサービスを作るということ。それが、新ロゴの『違う発想』という言葉に凝縮されていると考

えています」

この言葉は、「違う発想がある」の前に挿入されている「＿（アンダーバー）」の意味するところも物語っている。あえて言語化すれば「余白」だ。余白には無限大の可能性が秘められており、そこを埋めるのは社員一人ひとりの、余人をもって代えがたい個性ということである。

企業のオリジナリティとは、つまるところ、百者百様の社員の発想力によって練り上げられるものなのだ。

これから20年、30年と新ロゴが使われていくなかで、1つまた1つと余白に命を吹き込んでいくこと。それが、今まさに次の400年の出発点にある小泉産業の社員、一人ひとりの重要な仕事となるだろう。

何があっても潰れない会社の極意

- ✓小泉産業ならではのモノやサービスを作る「特殊特徴品」を貫いた
- ✓全社員が決算書を読めるようにし、経営感覚と当事者意識を育てた
- ✓社員全員が、違う発想で顧客にとって役立つことを第一に考えている

加賀国の金銀箔職人から卸売へ転身「モノに装飾を施す」を軸に、自由自在に提案

カタニ産業株式会社（加飾材の専門商社）

■装飾を施す仕事で120余年

創業120余年のカタニ産業は、加飾材の専門商社である。

加飾材とは、読んで字のごとく「装飾を加えるもの」だ。紙やプラスチックなどの素材に、インクを刷るのではなく、金や銀の色を刻印するように文字やデザインを入れる（箔押し）。あるいはインクでは表現できないメタリックな着色を施す。こうした加飾に使われる素材を扱っているのがカタニ産業である。

実例を挙げよう。

たとえば、化粧品の「コフレドール」（カネボウ化粧品）、焼酎の「黒霧島」（霧島酒造）、ヘアケア剤の「セグレタ」（花王）などの商品パッケージやラベルのメタリックなデザインや文字。さらには釣りで使う色とりどりのルアー、テレビなどの家電製品やパチンコ台のプ

金属光沢を再現できるカタニ産業の加飾材・ファインフォイルは、市販の化粧品や酒類をはじめさまざまな商品に採用（左：コフレドール「ヌーディインプレッションアイズ」〈カネボウ化粧品〉、右：「黒霧島」〈霧島酒造〉）

ラスチック面に施された装飾。これらすべてにカタニ産業が扱う加飾材が使われている。

こうした商品群を見る限り、１２０余年の伝統をもつ老舗企業とはイメージが結びつきにくいかもしれない。しかし、そのルーツを知れば納得できる。

カタニ産業を営む蚊谷家の祖先は、金沢の金銀箔職人だった。

箔は金属や漆器に押し付けて装飾を施したり、芯糸《しんいと》に巻きつけて金糸・銀糸を作ったりする際に用いられる。つまり使われる技術は変化していても、「モノに加飾する（装飾を施す）」という根本は創業以来、変わっていないのである。今でも、売上全体に占める割合は３～５％程度だが金箔は自社製造（金銀箔を使った金銀糸は外注生産）しているという。

現在、日本全国の金箔のほぼ99％以上が金沢で作られている。それには、次のような歴史的背景が絡んでいる。

蚊谷家の創業よりはるか以前の1593年（文禄2）、朝鮮出兵で佐賀の名護屋城に滞在していた豊臣秀吉は、前田利家《としいえ》に明《みん》の使節団の出迎え役を任じた。その際、権勢を示すために隊列の槍などを装飾する金銀箔を、利家の領地・加賀で製造することも合わせて命じたという。

加賀の他にも金銀箔の産地はあった。しかし江戸時代の1696年（元禄9）、幕府の「箔打ち禁止令」により、江戸と京都以外では金銀箔の製造販売が禁止。このときを境に各地の金銀箔製造は衰退していくが、加賀藩では密かに続けられた。

とはいえ大っぴらにはできないため、加賀の金銀箔職人たちは、限られた材料で質と量の両方を叶える技術を磨いた。その後、加賀藩の御用箔の打ち立てを幕府に許されると、さらに箔打ちの技術が発展していく。このように、他が退くなかで存続し、技術が磨かれたことで金沢は日本一の金銀箔産地へと成長したのだ。

蚊谷家の先祖・次吉郎《じきちろう》が金銀箔製造業を開始したのは、1899年（明治32）のことである。現在の4代目・要平社長によると、安土桃山〜江戸と時代を超えて箔打ち産業が盛り上がってきた地元・金沢で、「自分も箔打ち職人として一旗揚げてやろう」という思いがあったようだ。

次吉郎は、最盛期には20人ほどの職人を束ね、神社仏閣の他、宮内庁御用達の金箔も作っていたという。一人親方が多かったなかで職人集団の頭として事業拡大したあたりには、たしかに立身出世の意欲が感じられる。

■工業化の波に乗り、職人集団から卸売へ

金銀箔の職人集団だったものが現在のような卸売の業態へと変化したのは、昭和に入ってから、2代目の喜幸《きこう》の時代のことだ。蚊谷家の家業は1950年（昭和25）に株式会社化し、蚊谷金属箔粉工業会社となる。

喜幸は、100％職人の手作業だった箔打ちの技術に工業化の風を取り入れた。

1958年（昭和33）ごろ、アメリカで開発された「ポリエステル繊維」という新素材の製造を化学会社の東洋レーヨン株式会社（現・東レ株式会社）が日本で初めて開始。1959年（昭和34）、喜幸は東洋レーヨンの代理店となる契約を締結する。

同年、さらに東洋レーヨンは、それまでドイツやアメリカで主に生産されていた「ポリエステルフィルム」の初の国内製造も開始。カタニ産業は東洋レーヨンの代理店として、この

新素材も取り扱うことになった。

また、真空中で金属を加熱して融解（もしくは蒸発、昇華）させたものを素材に付着、堆積させることで素材を金属コーティングする「真空蒸着《じょうちゃく》」という新技術も、すでに確立されていた。

こうした新素材と新技術の組み合わせが、金銀箔を使った加飾に劇的な変化をもたらした。たとえば西陣織などに使われる金糸・銀糸である。伝統的な製法では、和紙に漆を塗った上に金銀箔を貼り付け、極細に切ったものを1本1本、芯糸に巻きつけていく。金や銀を打ち伸ばして箔を作るのも、和紙に漆を塗り、そのうえに金銀箔を貼り付けるのも、極細に切って芯糸に巻きつけるのも、すべて職人の繊細な手作業だ。

この伝統的な製造過程は、ポリエステルフィルムの登場によって大きく変わる。これにより、フィルムにアルミ箔を手貼りしたものや、フィルムと薄く引き伸ばしたアルミを貼り合わせた原反（ロール状に巻きつけたもの）を極細に切り、従来よりも大量に、また安価に金銀糸を製造できるようになった。

金や銀を真空蒸着させたポリエステルフィルムは、まず15㎝幅などに裁断される。それをさらに極細に切り、何百というボビン（糸巻き）に巻き取っていく。こうして、金銀糸の原料となる極細の金銀糸フィルム（金銀糸）を作るまでがカタニ産業の仕事だ。

極細に切ったフィルムの先端をボビンに取り付ける工程は今も手作業だというが、この新しい製法により、金銀糸の製造には、ほとんど人の手が介在しなくなった。こうして作られた極細の金銀糸を、糸屋や組紐屋と呼ばれるメーカーが製紐機《せいちゅうき》で芯糸に巻きつけていくと金銀糸やひもが完成する。

科学技術の発展、新素材・新技術の誕生により、金銀箔製品は次第に職人による工芸品から、機械化された工業製品へと変化していく。こうした業界の動向を喜幸は敏感に察知し、自社の金銀箔製品を徐々に工業化していった。

さらに自社では製造していない他社製の加飾材の卸売も開始。なかでも事業拡大に寄与したのは、現在のカタニ産業（1968年「昭和43」に社名変更）でも売上の約50％を占める主力商品「ホットスタンプ箔」だ。

この新しい加飾材をいち早く扱い始めたことで、製造業のみならず卸売業も兼ねるという舵切りが一気に進んだ。「加飾材の専門商社」という現在のカタニ産業の基礎は2代目の時代に築かれ、その後、さらに発展していくのである。

ホットスタンプ箔とは、ポリエステルフィルムに金属を蒸着させた加飾材だ。

金色や銀色をはじめとしたメタリックな加飾を、本物の金や銀を使うよりも格段に安価に施せるようになったことで、商品パッケージやラベルなどのデザインの幅が一気に広がった。また、現在は絶縁性や耐腐性を兼ね備えたホットスタンプも存在し、電化製品や自動車の内外装などさまざまな用途に活用されている。

■多業界との取引が、経営リスクを最小限にした

2代目・喜幸は、日本中がゼロからのスタートを余儀なくされた戦後に、がむしゃらに事業を営んだ。かつては最初から最後まで職人技だった製造工程を工業化したこと、製造業から卸売へと業態を変えていったこと、すべては時代の変化に振り落とされないためだったが、急ごしらえで事業拡大してきた分、綻びも生まれやすかった。

蚊谷社長の実父に当たる3代目・八郎が取り組んだのは、2代目が半ば勢いに任せて経営してきた会社を「一組織」として整えること。各部署が主体的に考えて担当業務を担うようにすることで、社長からのトップダウンだった属人的な経営体制を組織化した。今では当たり前のことだが、当時のカタニ産業にとっては大きなシフトチェンジだった。

また、財務体質の強化にも取り組んだ。実は、価格が変動する金を扱うという業種柄、か

カタニ産業取引先業種比率

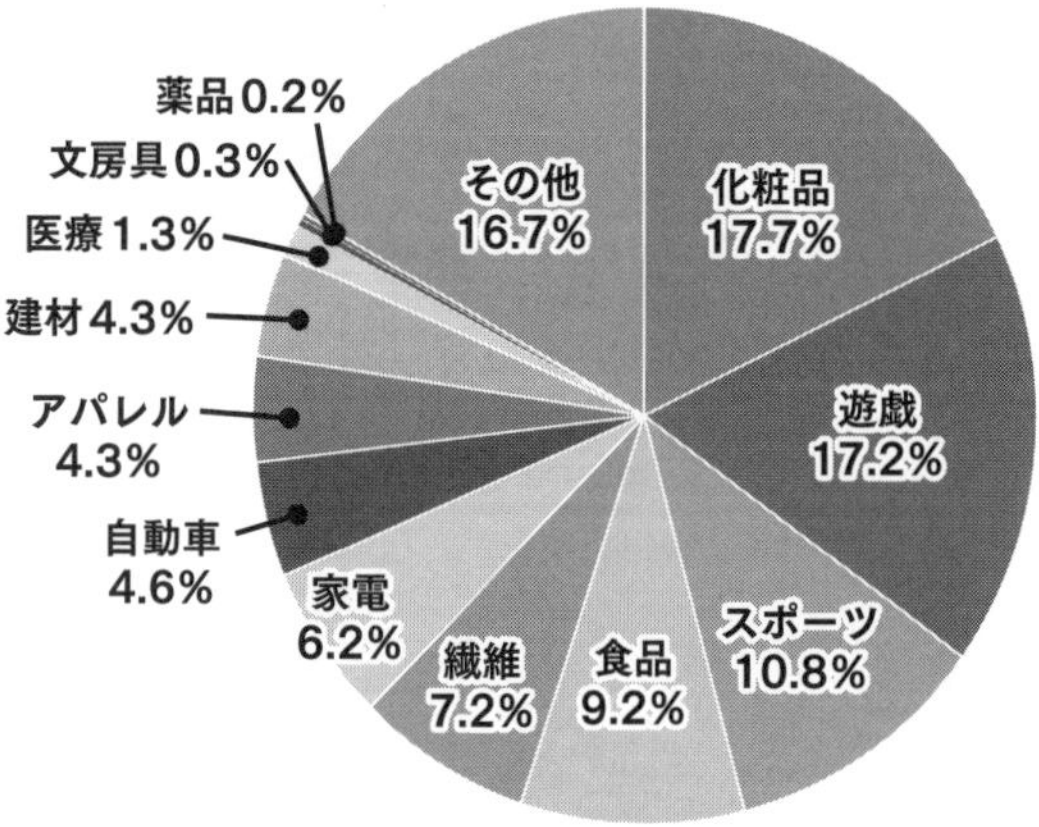

っては金投資も行っていたが、失敗も多かったという。そこで、投資からは手を引き、あくまでも箔の原料としてだけ金を扱うようにした。本業への原点回帰と注力が、財務基盤の盤石化につながったかたちである。

また、3代目が経営を受け継いだころの日本経済は、高度経済成長を経て空前の好景気に沸いていた。しかし3代目は、あくまでも本業に専念することを第一とし、不動産投資などにはいっさい手を出さなかったという。「当社は自由で堅実な社風」とは蚊谷社長の言葉だが、バブル経済では特に堅実さが奏功したようだ。

周知のとおりバブル経済は1991年（平成3）に崩壊し、そこから日本経済は大不況に見舞われる。大規模な不動産投資などが裏目に出て、倒産した企業も多かった。

カタニ産業でも、バブル崩壊直後は売上が20％ほど落ち込んだ。翌年あたりに一時的に持ち直したが、ふたたび徐々に下降していく。約10年にわたる長い低迷期の一番の底では、売上がピーク時の半分にまで落ち込んだ。ただし大きな負債はなかったため、金利負担が経営を圧迫することはなかった。

２００８年（平成20）のリーマンショック時には業績が多少落ち込んだが、本業に堅実に取り組んでいるうちに自然と回復した。

やはり堅実経営が会社を守ったわけである。また、業種柄、カタニ産業は幅広い産業と取引があることも、大きな経済危機によって命取りとなるような大打撃を被らなかった要因のようだ。

いつの時代も、好調・不調は業界によって異なるものだが、加飾材の取引先産業は1つではない。冒頭でも挙げたとおり、化粧品メーカーから酒造会社まで多岐にわたる産業と取引関係があることで、カタニ産業は、自然と、産業ごとの浮き沈みのリスクヘッジができているというわけだ。

たとえば、かつてはガラケーのボタン部分（キーパッド）の加飾事業の売上が大きかったが、スマホの急速な普及に伴ってガラケーの加飾の仕事はゼロになってしまった。しかし他の堅調な産業との取引が多々あったため、ガラケーメーカーからの売上が消えても、全社的には、それほど大きな減少にはならなかった。

加えて、カタニ産業の事業は「高度な専門的知識」が必要とされることも、世界規模の経済危機に際して、会社が揺るがなかった理由ではないかと蚊谷社長は見ている。

カタニ産業は商社だが、ただ単に商材を売っているのではない。取引先の狙いどおりの加飾ができるような方法を、材質や技術に対する豊富な知識を使って考え、提案している。

加飾を施す素材は、紙からプラスチック、金属まで多岐にわたる。なかでもカタニ産業が他社と比べてずば抜けていると自負しているのはプラスチックへの加飾だが、扱っている加飾材が本当に取引先の要望に見合うのか、専門的な知識を持って「売った後のこと」まで把握しなくては仕事にならないのである。

このように、そもそも高度な専門知識を要するニッチな産業であり、新規参入が難しい加飾というジャンルに専念しているという点も、カタニ産業の強みといえる。

■売った先にある、取引先のチャレンジを後押しする

どんな時代でも、客というのは常に新しいことを求めるものだ。加飾材においても例外ではなく、取引先から「今度の新商品では、こういう素材に、こんな感じの加飾をしたいのだが、どういう加飾材を使ったらいいだろうか」といった相談が入ることも多いという。

既存の商材に取引先の要望を叶えるものがなければ、新しい加飾材を企画する。ベストな加飾材を作るべく、必要とあらば、複数のメーカーの得意部分を掛け合わせてイノベーションを起こす。これもカタニ産業の特色だ。蚊谷社長は、そんな自社を「お客様のチャレンジを後押しするような仕事」と表現する。

加飾のデザイン、および加飾の技術面での提案から、メーカーのものづくり現場の技術的支援まで、トータルサービスを提供するというのがカタニ産業の最大の持ち味だ。

この持ち味が発揮される舞台は国内だけにとどまらない。海外の顧客にもきめ細やかに対応できるよう、専任スタッフと7つの海外拠点を有する。当初は海外に製造拠点をもつ日系企業のフォローアップのためだったが、今では現地メーカーとの直の取引も多くなっているという。

取引先のチャレンジを後押しするには、自らもチャレンジ精神旺盛でなくてはいけない。好奇心と積極性を持って取引先の要望をヒアリングし、それに応えるにはどうしたらいいかを考える。ときには企業の垣根を超えて、A社とB社の強みを掛け合わせた新しい加飾法を企画する。

そして提案し、採用された加飾法については、「売っておしまい」ではなく、それがメーカー側の狙いどおりに機能しているか、直接現場に出向いてチェック、フォローする。

こうした社員の自由闊達な発想、行動は基本的に制限されていない。本社の金沢をはじめ、京都、大阪、東京、名古屋、群馬の拠点ごとに独立採算制をとっていることも、個別の発想に基づいた判断を活性化することにつながっている。

失敗に対しても寛容だ。「当社の意思決定は、どちらかというとトップダウン型ではなくボトムアップ型。そして仮に失敗したとしても、ペナルティを科されることはない。チャレンジした結果、失敗したのであれば、むしろ前向きに評価してもらえる」と名古屋支店・営業課の小林卓也氏は話す。

カタニ産業の未来像として蚊谷社長が見据えるのは、「加飾のトータルアドバイザー&コーディネーター」だ。主力商品・ホットスタンプ箔を武器に現在の立ち位置を確立してきたが、決してそこに甘んじることなく、新しい素材、新しい技法も積極的に取り入れていきたい考えであるという。

モノが生産され続ける限り、加飾のニーズはなくならない。金銀箔職人をルーツに持つカタニ産業は、創業時から続けてきた「モノの表面を飾る」という道を今後も堅実に、そして自由に進んでいく。

何があっても潰れない会社の極意

- ✓さまざまな産業と取引することで、経済危機の打撃を最低限におさえた
- ✓加飾のデザイン・技術面の提案から、ものづくり現場の技術支援までトータルで行った
- ✓ボトムアップ式の組織構造で、失敗を恐れず社員にチャレンジさせた

鋳物を窓口として多角的に広がるビジネス 伝統技術×新技術で新たな価値を創造する

鍋屋バイテック会社（機械要素部品メーカー）

■「本業以外のこと、特に政治には関わるな」

鍋屋バイテック会社（以下、鍋屋バイテック）の源流は、美濃国《みののくに》（現在の岐阜県）で鋳物師を生業としていた岡本家である。

1560年（永禄3）、信長が桶狭間《おけはざま》の戦いで今川義元を討った年に、美濃の市街地で鋳造を行っていた岡本家の先祖に、川沿いへの移転を命じる奉行所文書が届いた。轟々《ごうごう》と火を焚く鋳造所から火事が起こることが懸念されたのだ。この文書が現存する最古の史料であることから、岡本家では1560年を創業の年としている。

溶かした金属を、鋳型に流し込む鋳造技術は武器製造にも応用できるため、当時、鋳物師たちは朝廷官人・真継《まつぎ》家を介して朝廷の管理下にあった。岡本家も朝廷から「御鋳物師」の免状を授かったという。以降、安土桃山から江戸、明治、大正、さらには昭和へと移り変わる時代ごとの要請に応じて、鍋、釜から灯籠、梵鐘までさまざまな鋳物を製造してきた。

明治、大正期の岡本家は、地元の名士としてガス会社や銀行の設立に携わり、地域の文化、経済の発展にも貢献した。そのころには家業も相当に拡大しており、鋳造を行う製造部と、鍋や釜などの鋳物をはじめ、セメントや鉄材を扱う販売部を併せ持つ岡本商店を営んでいた。

ちなみに、岡本家には「本業以外のこと、特に政治には関わるな」という家訓がある。明治維新で社会が激変する中、一時は地元の名士として、いわば魑魅魍魎《ちみもうりょう》うごめく政財界とも深く関わったからこそ、その教訓として「危うきには近寄るべからず」ということになったようだ。

さて、その岡本商店から鍋屋バイテックへと枝分かれした経緯は、少々、複雑だ。

まず岡本商店の製造部門が分離するかたちで1923年（大正12）、鍋屋鋳造所が設立された。

その鍋屋鋳造所（1940年［昭和15］に岡本鋳造所に改名）の第2工場の工場長だった岡本友吉は、岡本鋳造所から独立し、岡本鋳造所の製品を販売する鍋屋商店を設立。さらに1960年（昭和35）、友吉は工業製品を業としていくために、鍋屋商店を鍋屋工業へと社名変更する。

プーリーは機械、設備に使用される滑車。ベルトからの動力を伝達する

鍋屋工業では、古くからの鋳造技術を生かして「プーリー」と呼ばれる機械部品を主に製造していた。プーリーとは、汎用モーターなどの動力源からベルトを通じて動力を伝達する滑車のことだ。

そして時代は平成に入る。１９８４年（昭和59）に友吉は亡くなるが、そのころには鋳物以外の製品も製造するようになっていたため、２００１年（平成13）、鍋屋工業改め鍋屋バイテックとなった。

友吉は、岡本友二郎・現社長の祖父に当たる。もとの姓を松井といい、縁あって同郷の岡本家の婿養子となった。結婚することになった岡本家の娘は、実は学生時代に友吉が一目惚れした女性だったという。

岡本家の事業は、このように紆《う》余《よ》曲折《きょくせつ》を経ながらも存続してきた。現在は、友吉が工場長を務めていた鍋屋鋳造所（岡本鋳造所）の後身である株式会社ナベヤが本家として、友吉が設立した鍋屋工業の後身である鍋屋バイテックが分家として存在している。

■流行に流されない。1つの業界・会社に偏らない

鋳造は紀元前から続く技術であり、時代が移り変わるごとに朝廷や幕府の管理下に置かれながら、おそらく多くの家が鋳造を生業としてきたはずだ。

しかし、その当時から途切れることなく今なお存続し、400年以上もの長い歴史を持つ鋳物メーカーは数少ない。栄枯盛衰の激しい技術の世界で、岡本商店、ひいては鍋屋バイテックが生き残ってきた理由は何か。大きく分けて3つある。

最初の2つは、「一時のブームに飛びつかない」「1つの業界、1つの会社に偏らない」という経営戦略上のスタンスだ。

たとえば、第二次世界大戦では日本中の寺という寺の鐘が武器製造に使用されたため、戦後、鐘の需要が爆発的に高まった時期がある。そこで鐘を専門に鋳造する鋳物メーカーがいくつも設立されたという。

しかし、この需要の高まりは戦時中に失ったものを取り戻すためであり、欠けていたところに行き渡ってしまえば新たな需要は生まれにくい。実際、戦後に一念発起して鐘の製造を始めた鋳物メーカーは、それから間もなくして軒並み倒産した。

その間、鍋屋バイテックはどうしていたかというと、昔から続けてきたプーリーの製造に専念していた。「鐘の需要が爆発的に高まっている」という一時のブームにはいっさい飛びつかなかったわけだ。

多種多様なプーリーを必要とするものといえば、自動車である。少し整備の知識がある人ならばわかるかもしれないが、自動車内部には大小さまざまなプーリーが用いられている。したがって、順当に考えれば、プーリーのメーカーにとってもっとも大きな取引相手は自動車産業だ。しかし鍋屋バイテックにおいては、取引全体に占める自動車産業の割合はそれほど大きくはない。

プーリーは、自動車以外にも空調システムや水力ポンプなど、多岐にわたる工業製品に使われている。およそ動力のあるところには必ずプーリーがある、といってもいいだろう。鍋屋バイテックは、プーリーを必要とするあらゆる産業向けにプーリーを製造・販売してきた。

1つひとつの取引額は自動車産業のそれにはおよばないが、小規模、少額の取引でも積み重なれば相当な額になる。鍋屋バイテックは多岐にわたる産業、企業と付き合うことで、万が一、取引相手が傾いても共倒れにならないようリスクヘッジをしているのだ。

■「既存製品×新市場」「既存市場×新製品」で新たな価値を生む

そして3つ目は、製造業のニーズに幅広く応えると同時に、自社製品を標準規格化することで業界を主導する、という企業としてのあり方だ。この3つ目の点こそが鍋屋バイテックに特有かつ最大の強みと見られる。

かつては鋳物ばかり製造していたが、鋳物以外のものも作り始めたことで鍋屋工業から鍋屋バイテックへと改称したと先に説明した。

といっても、鋳物とまったく無関係に新規事業を立ち上げてきたのではない。あくまでも軸足はシェア約8割を占めるプーリーであり、その持ち前の鋳造技術を糸口として見えてきた新たなニーズに応えるために、別の製品群へと幅を広げてきたのである。

この強みを具現化したものが、「既存市場」「既存製品」「新市場」「新製品」の4つのフェーズの掛け合わせで考えるという事業展開像だ（次ページ図参照）。

たとえば、半導体などの精密加工に用いられるミニチュアカップリング（軸継手＝モーターなどの駆動軸と従動軸をつなぎ、動力を伝達する機械要素部品）は、「既存製品×新市場」の掛け合わせから生まれた製品群である。

4つのフェーズの掛け合わせで新たな事業を生み出す

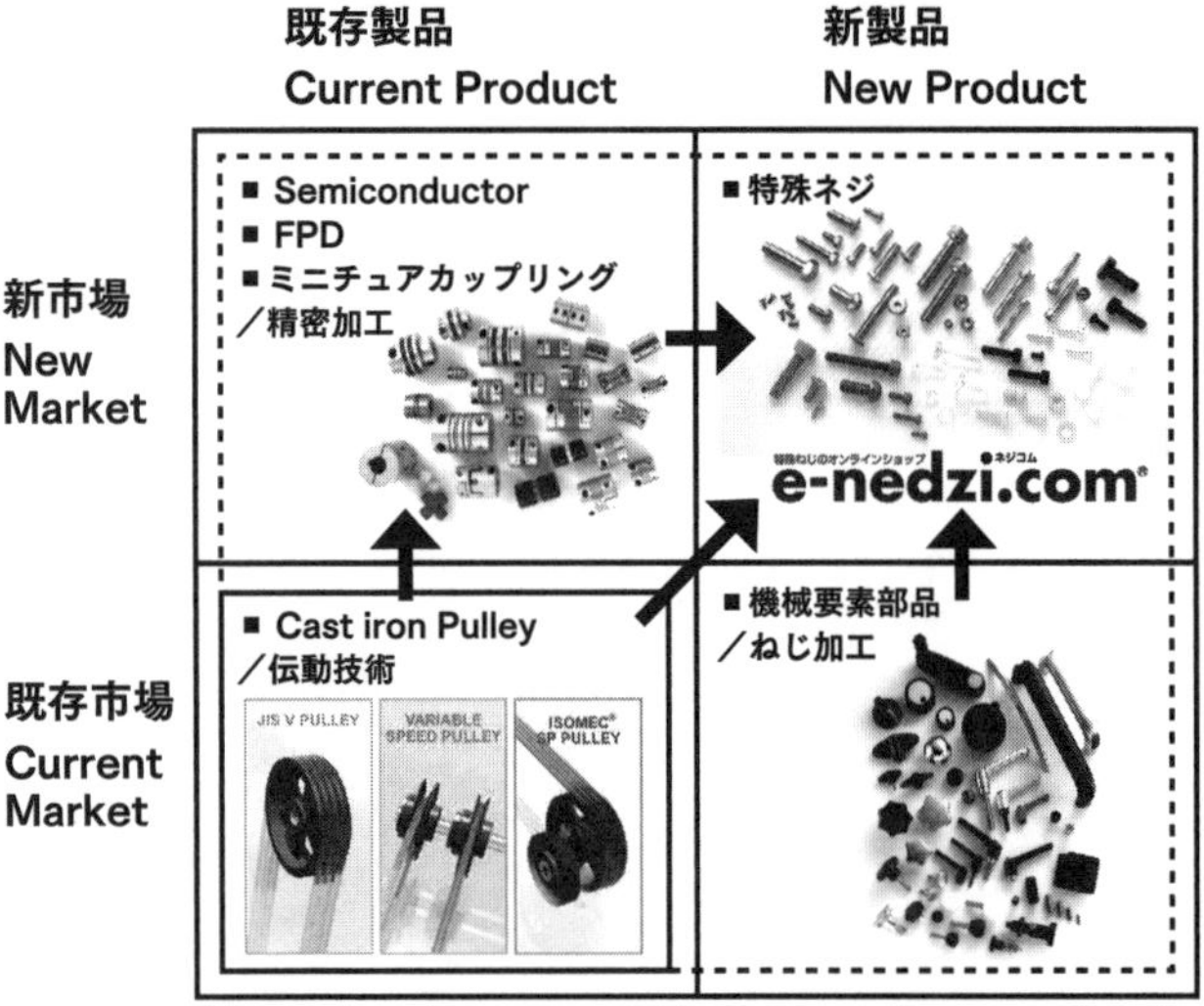

すでに述べてきたとおり、鍋屋バイテックの伝統事業は鋳造技術を使ったプーリーの製造だ。ミニチュアカップリングの製造に鋳造技術は使われない。その点だけを見れば、プーリーとミニチュアカップリングは非連続的だが、「伝動技術」という点では相通じるところがある。

鍋屋バイテックは、プーリーという「既存製品」と、精密加工という「新市場」を掛け合わせることで、ミニチュアカップリングという新製品を生み出したのだ。伝統の鋳造技術の延長線で考えていては決して出てこない発想である。

また、各種工場で使われるレバーやノブ、ハンドル、ツマミ、ネジといった「機械要素部品」は、「既存市場×新製品」の掛け合わせから生まれた製品群である。既存製品であるプーリーの取引のため、さまざまな工場を訪問しているなかで着目したのが、今、挙げたような機械要素部品だった。

１９８０年代当時、鋳物製の朝顔型ハンドル、平ハンドルやクランクハンドルなどの標準品は存在し鍋屋バイテックも販売していたものの、その他多くの機械要素部品には標準規格品が存在せず、必要に応じて自社設計して製作している工場が大半だった。そこで鍋屋バイテックでは、プランジャー、クランプレバーやカムレバー、スクリュー（ネジ）、グリップなど、多種多様な機械要素部品を企画、開発した。

こうした機械要素部品の多くは鋳物ではない。やはり、この点だけを見れば、先のミニチュアカップリング同様、プーリーとは〝非連続的〟だが、「機械要素部品の標準規格品があったら助かる」というのは、プーリーの取引先の潜在ニーズとして存在し、その点では鋳物ビジネスで培った〝連続的な〟ものの見方が存在した。

こうして定着した機械要素部品ビジネスは、現在、さらなる展開を見せている。

先に述べたミニチュアカップリングは、半導体などの精密工場で多く使われている。ミニチュアカップリングを製造するようになったことで、以前は縁のなかった半導体産業との取引関係が生まれたということだ。そして半導体工場には、それ特有のニーズがある。

一方、鍋屋バイテックでは、多種多様な機械要素部品を企画、開発してきたことで、ネジを作る技術が蓄積されていた。そこで新たに取り組んだのが、半導体工場で使われるような特殊ネジ、たとえば電気絶縁性のあるセラミック製や樹脂製のネジやボルト、ナットの企画、開発である。

プーリーの伝動技術という糸口から生まれたミニチュアカップリングにより、半導体産業という新市場との接点が生まれた。また、プーリーの取引先という糸口から機械要素部品という新製品が生まれた。すなわち「既存製品×新市場」と「既存市場×新製品」という二重の掛け合わせの結果、特殊ネジという新製品が生まれたのだ。

現在では、自社ホームページ上で、工場のあらゆるニーズに応えるネジやボルトの通販サイトも運営している。標準規格品としてカタログに掲載されている多種多様なネジ、ボルトの他、特注品もネジ1本から受け付けている。それも発注を受けてから当日~翌日には加工、

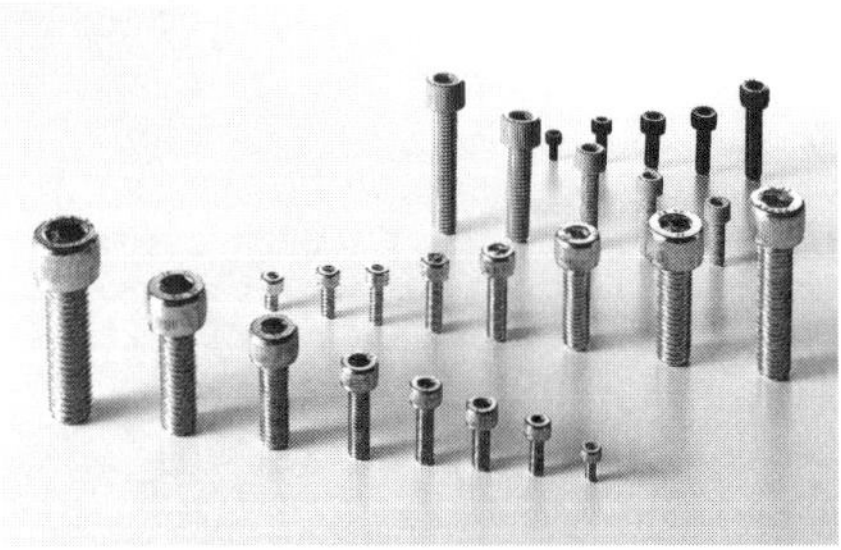

あらゆる形状、大きさの特殊ネジは「1本」から注文可能

納品されるというスピード感である。

このように、鍋屋バイテックは「既存市場」「既存製品」「新市場」「新製品」を、いかに掛け合わせるかという発想力と実現力で新規ビジネスを展開してきた。

さらに直近の例として紹介されたのは、「ロボットスタンド」と「ハンドル自動化ユニット」だ。

鍋屋バイテックは、最先端の技術を用いたロボットハンドも販売している。その取引を通じて見えてきたのが、「ロボットの高さを調整する台があったら助かる」という工場側のニーズだ。そこで伝統の鋳造技術を用いてロボットスタンドを製造、開発した。これはロボットハンドという最先端技術を糸口として、既存技術の新たな可能性が拓けたケースだ。

ハンドル自動化ユニットは、工場のオートメーション化の一環として企画、開発された。ハンドルそのものは鋳造によって作られた機械要素部品であり、それ自体は、鍋屋バイテックにとって重要な伝統的商材だが、その製品に固執することなく、近年の工場の人手不足に応えるためにメカトロニクスを導入し、ハンドルを自動化。ここでは「伝統技術」と「新しい技術」の掛け合わせが、製造業の現代的ニーズに応える新製品へと結実している。

社名にある「バイテック」とは、「2つのものを掛け合わせる」といった意味が込められたものだという。「名は体を表す」の言葉どおり、鍋屋バイテックの「名」は、鋳物を足がかりに新市場や新製品にも自在に手を広げるという「体」を、まさに表しているのだ。

「『その課題、解決します』というのが当社の合言葉。『工場という現場をよりよくするものづくり集団』として、我々にできることは何かと常に模索しています。当社自身もメーカーであり、工場でものを製造している。だから、工場で何が必要とされているのかをもっとも察知しやすい位置にいると思っています」とは、代表取締役社長・岡本友二郎氏の言葉だ。

さて、ここでもう1つ、自社製品を標準規格化することで業界を主導する、という側面にも触れておかねばならない。

鍋屋バイテックの製品は、ほぼすべて自社カタログに掲載されている。つまり、ほとんどが1回限りのオーダーメイド品ではないということだ。出発点は「製造業のニーズに応える」というオーダーメイド的な発想でも、そこで完成した製品を、いつでも、誰でも、必要なだけ買える標準規格品としているのである。

標準規格品とは、読んで字のごとく業界の標準、スタンダードということだ。鍋屋バイテックは一メーカーとして個々のニーズに応えるだけでなく、業界全体のスタンダード作りに一役買っているのだ。

■「ものづくり企業」から「ことづくり企業」へ

多岐にわたる製造業と密に付き合うなかで、取引先が抱えている本質的なニーズを敏感に察知し、それを解決するための製品を企画、開発する。さらには、その製品を標準規格品としてカタログに掲載し、他のどの工場でも採用可能とする。このようにビジネスを多角化してきた鍋屋バイテックには、はたして、どのような新展開があり得るのか。

目下、力を入れているのはＩｏＴ（Internet of Things）だという。インターネットと物をつなぐことで、本来は「自らものを言わぬ物」のさまざまな情報が発信、伝達されるようにするという、ＩＴ革命の一形態だ。

今まで見てきたように、鍋屋バイテックは、プーリーからミニチュアカップリング、ハンドルなどの各種機械要素部品まで、実に多岐にわたる工場部品を製造している。これらを「自らものを言える物」に作り変えれば、電流値や振動、オイルの残量といった機械の状態、温度や湿度といった工場内の情報を得られるようになる。

こうした発想から、鍋屋バイテックは機械要素部品にセンサーを取り付け、インターネットを介してデータを監視できるというシステムを、アメリカのベンチャー企業と共同で企画、開発したのだ。

たとえば、「ビニールハウスの室内温度を簡単に安価にモニターし、調節したい」というのは、農家の本質的なニーズである。そこで鍋屋バイテックのＩｏＴシステムを取り入れると、農業用ビニールハウス内の状態を常時モニターし、温度が一定以上になったらアラームが鳴って自動的に窓が開き、一定温度にまで下がったら自動的に窓が閉じる、といったことが可能になる。

現在の鍋屋バイテックは、人とマシンと情報をつなぎ、本質的な課題を解決する手段を提供することで、部品単体のものづくり企業から、ことづくり企業への変革が進んでいる。

ものづくりを起点として取引先の課題を解決する。機械部品という「もの」を作るだけでなく、自社の技術にＩｏＴという新たな技術を掛け合わせることで、ものづくりに関わる人たちが簡単に安価に、そして安定的に仕事ができるという「こと」を作る。

これは、機械部品メーカーの枠を超えているが、しかし機械部品メーカーだからこそ、できることだろう。

「伝統技術と新しい技術、既存市場と新市場、この一見、相反するものを融合することで新しい価値が生まれる。私たちはこれをイノベーションと考えているのです」（丹羽哲也常務

取締役）

鍋屋バイテックは、創業以来、守り育ててきた鋳造技術に軸足を置きつつ、そこに新規の技術、新規の市場を掛け合わせることで、ものづくりの現場の課題を解決する。それと共に、「未だ存在しない標準規格」という価値を生み続ける。社名に謳われた「バイテック」の真価が発揮されるべきところは、まだまだ多いはずだ。

何があっても潰れない会社の極意

✓一時的なブームに飛びつかず、1つの業界、会社に偏らない経営戦略を徹底した

✓製造業のニーズに幅広く応え、自社製品を標準規格化することでポジションを築いた

✓「既存製品×新市場」「既存市場×新製品」の掛け合わせで戦略的な事業展開を行った

第二章

目先の利益より、公共の利益を重んじる

一人勝ちを求めず、業界を発展させる革新と挑戦に満ちた鰹節専門店の323年

株式会社にんべん（鰹節および加工食品の製造・販売）

■長期繁栄の要諦は、現金掛値なし・商品券・鰹節製造技術の革新

にんべんは1699年（元禄12）に東京・日本橋で創業した鰹節専門店。初代高津伊兵衛《いへえ》が日本橋で戸板を並べて鰹節や塩干類（塩漬品や干物など）を販売したのが始まりで、代々当主は伊兵衛を名乗っている。人偏の「イ」に曲尺を表す記号を加えた商標はあまりにも有名でブランド力が高い。同社の鰹節は中元や歳暮はもちろん、引き出物や結納品に使われてきた。現在では鰹節以外につゆやだしパック、調味料の他、冷凍惣菜なども手掛ける。

これまで、あらゆる苦難がにんべんを襲ってきたが、323年間も続いているのはなぜだろうか。

13代当主の高津伊兵衛社長は長期繁栄の理由として「現金掛値なし」「商品券」「鰹節製造技術の革新」の3つを挙げる。

にんべん13代当主・高津伊兵衛

「現金掛値なし」とは掛け売りをしないで、正札《しょうふだ》（正しい値段を書いた札）どおりに現金取引で商品を売ること。元禄年間（1688～1704）に、呉服店越後屋（現・三越）の初代、三井高利が始めた商法で、鰹節問屋としては初代髙津伊兵衛が最初だといわれている。

当時は、商品の代金を盆と暮れにまとめて回収する掛け売りが一般的だった。商品に定価はなく、お客との相対取引で個別に値段を決めていた。しかし、これでは販売先の倒産などによる貸し倒れがあり得るし、価格に金利が含まれる分、価格が上がってしまう。「現金掛値なし」商法ならば貸し倒れリスクはないいし、利息分を安く販売できる。そして何よりも日銭が入ることで資金繰りが楽になる。キャッシュフローが潤沢になるわけだ。

にんべんは「現金掛値なし」を採用することで、江戸の人たちから喜ばれただけでなく、顧客層を拡大することができた。当時の顧客は武家と町人だったが、町人は何らかの事情で行方不明になることがあるので、掛け売りでは売掛金が回収できなくなる可能性がある。そこで、身元のしっかりした町人のみと取引せざるをえなかった。

しかし、「現金掛値なし」ならば回収リスクがない。お金さえ持っていれば、来店した誰にでも鰹節を売ることができる。この結果、顧客層が拡大して売上の増加につながった。江戸時代の店舗の帳場（勘定場）には初代が自ら書いた「現金掛値なし」という看板が掲げられていたという。

もう一方の顧客である武家は、江戸時代初期までは高品質・高価格の鰹節を大量に購入する優良顧客だったが、中期以降は財政悪化により売掛金の踏み倒しが珍しくなくなった。武家相手の商売は「現金掛値なし」ではなく、掛け売り販売だった。

武家は高リスク・高リターンの顧客だったわけだが、武家と取引を継続できたのは町人向けの商売が安定していたからだ。

1830年代に6代目髙津伊兵衛は「商品券」の発行を開始した。にんべんの商品券は、日本で初めて市中に広く流通した商品券といわれている。

商品券の場合、顧客に鰹節を渡す前に現金を受け取ることができる。商品券を発行すればするほど店に現金が入ってくるので、キャッシュフローが潤沢となり、これをもとにさらに大きな商売ができるようになった。

商品券は顧客にとっても便利なものだった。当時、鰹節は贈答用に用いられることが多かったが、鰹節そのものは保管場所が必要なうえ、虫やネズミによる食害の心配がある。ところが、商品券ならば保管場所はいらないし、食害もない。

商品券は贈答用としてたいへん重宝されて江戸中に普及し、にんべんのキャッシュフロー増加に貢献し続けた。

「鰹節製造技術の革新」とは、江戸時代末期から明治にかけて鰹節の新製法が完成したことだ。新製法で製造された鰹節をにんべんは「本枯鰹節」と呼ぶ。

鰹節の製造では、鰹節の品質を劣化させる悪性のカビや細菌の繁殖を防ぐため、悪性のカビが生える前に良性のカビを鰹節に付ける。この良性のカビが鰹節内の水分を吸収するため、保存性が高まるしうま味成分が凝縮される。

さらに魚特有の生臭さが軽減されて、優れた風味が生じる。カビが育つ過程で鰹節内の脂肪分を分解するので、色の澄んだきれいなだしを得られる。

にんべん創業時の鰹節製造ではカビ付け↓天日干し↓カビ払いという作業は1回だったと考えられる。現在、にんべんでは4回以上カビ付けを繰り返したものを本枯鰹節としている。

本枯鰹節は従来の鰹節よりも手間と時間がかかるため価格は高くなるが、品質の高さが評価されて人気商品となった。高品質で利益率の高い本枯鰹節の普及がその後のにんべんの経営を支えていく。

■無一文から創業にこぎつける

創業者の初代伊兵衛は、1679年（延宝7）に現在の三重県四日市市に生まれた。幼名は伊之助。12歳で江戸に上り、日本橋の雑穀商「油屋太郎吉」で年季奉公（一定期間、住み込みで奉公すること）をする。19歳のころには主人の名代として京都や大阪へ出張するほど出世したが、その活躍ぶりが番頭や幹部から嫉妬され、次第に嫌がらせを受けるようになった。

江戸時代の店舗。関東大震災で焼失するまで使用されていた

また、伊之助の活躍によって店が繁盛するにつれ、主人が贅沢・華美に溺れるようになっていった。これを諫言したところ主人の不興を買い、ついに無一文で「油屋太郎吉」を出て行かざるをえなくなった。

その後、1699年（元禄12）に日本橋四日市土手蔵（現在の野村證券本店付近）で、戸板2〜3枚を並べ「鰹節・塩干類」の商いを始める。初代が20歳のときだった。にんべんではこの1699年を創業年と定めている。

無一文からのスタートであったが、倹約を重ねながら商いに精進し、5年間で200両を貯えた。そして、当時江戸最大の問屋街として豪商たちが店を並べる日本橋小舟町3丁目に、本格的な「鰹節問屋」を開業する。

1705年（宝永2）には名前を伊兵衛と改めて、店の屋号を「伊勢屋伊兵衛」と定めた。「伊勢屋」「伊兵衛」と、どちらも人偏がつく「伊」で始まることから現在のロゴにも使われている「カネ人偏」のマークが生まれた。

当初は「伊勢屋」と呼ばれていたが、のれんに「カネ人偏」の印があることから「にんべん」と呼ばれるようになり、現在の社名につながる。

初代は、先述したように「現金掛値なし」の商法で町人層への商売を拡大させた一方で、各藩の江戸屋敷での御用商人の権利を獲得して武家向けの商売も伸ばしていった。

■仕入れルートの開拓と商品戦略の明確化で、再び成長

2代目が当主を襲名したのは1724年（享保9）。当時は徳川吉宗の「享保《きょうほう》の改革」に

よる緊縮財政で、不況のまっただ中だった。

2代目は病弱だったため、当主在任中から弟の茂兵衛《もへえ》（後の3代目伊兵衛）が店を切り盛りすることが多かったが、不況と大口取引先を失ったことで業績低迷が続いた。

茂兵衛が番頭と共に徹底した経営分析を行ったところ、1724年に2代目が襲名したときに8000両近くあった資産は18年間で1600両まで減少したことが明らかになる。そこから、茂兵衛は徹底した倹約と合理化に取り組んだ。経費を27項目に分けて、商売だけでなく家族の生活全般までをも切り詰めた。

ただ、茂兵衛は倹約と合理化だけに徹していたのではない。以前から扱っていた高級鰹節以外に廉価な標準品の仕入れルートを開拓した。そして高級品は大名向け、標準品は一般向けと商品戦略を明確にしたのだ。品ぞろえの拡充により商いは拡大した。

初代が始めた「現金掛値なし」に「倹約」「仕入れルートの開拓」「商品戦略の明確化」が加わって1747年（延享4）ごろには再び成長に転じた。2代目時代には業績が低迷したものの、3代目のときに初代の売上高を上回ったことから、3代目はにんべんの基礎を完成させた人物と評価されている。

■直系相続にこだわらない真の実力主義

先述したように商品券の発行はにんべんの経営に大きな影響をおよぼした。この商品券を発行したのが6代目。なぜ商品券の発行を思いついたのかは不明だそうだが、6代目の存在がなければその後のにんべんがどうなっていたかわからない。

6代目は養子だった。にんべんの当主には先代の実の息子ではなく、養子というケースが少なくない。4、6、8、9代目が養子だ。子どものころから店で働き、当主から商売を教わり、番頭として活躍していたような人たちだ。当主や周囲から実力を認められて、娘婿として髙津家に入り、最終的に当主となった。にんべんは必ずしも直系相続にこだわらない。老舗企業は実力主義なのだ。

6代目は現在の埼玉県浦和市出身でもとの名前を佐兵衛といい、にんべんに奉公するや、商才を発揮し4代目や5代目に可愛がられていた。その後、伊勢四日市髙津家の養子となり、結婚して家族をなした（初代伊兵衛は伊勢四日市髙津家の次男）。

5代目は36歳の若さで急逝してしまったが、残された息子は9歳であったため、後を継ぐのは不可能だった。そこで、佐兵衛がにんべんの養子となって6代目伊兵衛を継承することになった。すでに結婚していたので夫婦ごと養子となったかたちだ。このような珍しいパターンで迎え入れられた養子が、後のにんべんの経営を左右する商品券を発案・発行したのだ。

■徳川幕府崩壊で、巨額の御用金が回収不能に

1849年（嘉永2）に7代目伊兵衛の娘婿の吉憲が8代目を襲名した。8代目のときににんべんはさらに成長し、幕府から直属御用商人に取り立てられ、他の4人の豪商と共に「徳川5人衆」として重んじられている。

ところが、明治維新がにんべんに打撃を与える。御用商人だったので毎年莫大な御用金を上納していた。本来は返済されるはずだったが、幕府が倒れたため返済されなくなってしまったのだ。その他、諸大名への貸付金や売掛金も回収不能となり深刻な危機を迎える。

しかし、8代目は土地などの資産売却をせずにこの難局を乗り越えた。6代目が導入した商品券のおかげでキャッシュフローが潤沢だったこと、ちょうどこの時期に高品質・好採算の「本枯鰹節」が完成したことが経営危機脱却の要因だ。

■鰹節市場を育てた画期的製品「フレッシュパック」

1960年（昭和35）ごろになると、使い勝手の良さから化学調味料が台頭して、削る手間のかかる鰹節が敬遠されるようになっていた。鰹節需要を回復させるために開発されたのが、現在の主力商品である「フレッシュパック」と「つゆの素」だ。

フレッシュパックとは、削った鰹節を積層プラスチックフィルムに詰めたもの。鰹節を削る手間がかからないため、日本中で幅広く使われている。

昔から削りたての鰹節は販売されていたが、時間がたつと風味が損なわれるという欠点があった。そこで、にんべんは1958年（昭和33）からフレッシュパックの開発に取り組んだ。いったんはプラスチックフィルム袋に炭酸ガスを吹き込んで削り節を密封する機械を開発し、フレッシュパックの試作品を作ったが、発売には至らなかった。

当時のプラスチックフィルムは微量ながら酸素を通してしまったので、品質保持ができなかったのだ。

1962年（昭和37）には酸素を通さないアルミ箔包装を活用してフレッシュパックの開発に成功したが、アルミでは中身が見えないことから発売を断念した。

フレッシュパック発売開始時のポスター

その後、化学メーカーのクラレがポリプロピレンとビニロンとポリエチレンの3層構造となった酸素を通しにくいフィルムを開発した。にんべんはこのフィルムで袋を作り、削り節を入れて窒素ガスと一緒に密閉することで、鰹節の風味を長期間保存することに成功した。

ところが、商品化が決まると社内では大半の社員が販売に反対した。外見が従来の鰹節製品とあまりにも違うので受け入れられなかったようだ。開発担当の技術者たちは品質に自信があったので売れると確信していたが、営業担当者は強く反対した。袋に入った削り節を見て「鉋屑《かんなくず》のように見える」と反対する声もあった。

最終的には高津照五郎社長と当時取締役総務部長だった12代高津伊兵衛が多数派の反対論を押し切って販売を決定した。1969年（昭和44）のことだった。

いざ販売すると簡単に削り立ての風味が味わえることで人気商品となり、1969年のお歳暮シーズンには生産能力を上回る受注を獲得し、1970年（昭和45）以降は爆発的な売れ行きを示すようになる。

フレッシュパックは画期的な商品であり、にんべんが特許を取得していたが、ここでなんとにんべんは特許を他社へ解放した。自社のみが利益を得るのではなく、他社に技術を開示することで鰹節業界全体が成長したほうが良いと考えたのだ。

その後、にんべんの意図したとおり鰹節マーケットは大きく発展する。1970年から1978年（昭和53）までの8年間で業界全体の生産量は65トンから6800トンへ、販売額は3億円から500億円まで増加した。

フレッシュパックの製法を広く公開したことで、鰹節の需要を拡大させただけでなくカツオ漁業の振興にも貢献した。こうした実績が評価され、1979年（昭和54）に農林水産省が主催する「第18回農林水産祭」水産部門で「天皇杯」を受賞した。

■圧倒的商品力で、オイルショックを寄せつけず

1960年代前半からにんべんでは鰹節利用促進の一環として、煮物や麺に使用するつゆの開発に取り組んでいた。そこに、商社の新東亜交易から鰹節だしを使ったつゆの共同開発が提案された。しかし、醤油などの植物性の液体に動物性の鰹節を混ぜるとすぐに腐るので

商品化は危ぶまれた。

だが、開発担当者の中に缶詰工場に勤務経験があり、殺菌に関する知識を有する社員がいたことで食品衛生法をクリアする「つゆの素」を作り上げることに成功、1964年（昭和39）から販売を開始した。

苦労して商品化にこぎつけたが、当初は取引先に見向きもされなかった。当時は化学調味料を混ぜたタイプの液体調味料が出回っていたが、あまり美味しくはなく評判が芳しくなかった。にんべんの「つゆの素」も同類の商品と見られてしまったのだった。

店や問屋を回っても注文がとれず、持参したサンプルを目の前で客に捨てられることさえあったという。結局、初年度は販売数とほぼ同数の1000ケースの在庫を残すという惨憺《さんたん》たる有様だった。

しかし、その後は化学調味料ではなく本物の鰹節だしを使った美味しさと、使い勝手の良さが広く知れ渡ったこと、決して諦めない地道な営業が実を結び、販売が拡大していった。今ではにんべんの屋台骨を支える主力商品に成長している。

1973年（昭和48）のオイルショックでは、多くの企業が業績を悪化させたにもかかわらず、にんべんの経営が揺らがなかったのは「フレッシュパック」「つゆの素」の売上が好調だったからだ。

■鰹節市場活性化のため、新事業を推進

このところ、にんべんは飲食と惣菜事業を強化している。2010年（平成22）、日本橋地区再開発事業の一環で、本店を日本橋の大型商業施設コレド室町へ移転した。三越本店や三井本館の立ち並ぶ中央通りに面した立地であることから「物販だけでなく、さまざまな体験を通して鰹節について学び、本物のだしを味わえる体験型の店舗にしようと考えた」（髙津社長）。

そこで生まれたのが「一汁一飯」をコンセプトに、鰹節だしを使った料理を主にテイクアウトで提供する店舗「日本橋だし場」だ。鰹節だしの魅力を伝えるために、和食だけでなく洋食や中華風料理に鰹節を使用したメニューも用意している。

「日本橋だし場」の目玉は、1杯100円の「かつお節だし」。だしをドリンクとして販売するのは初めてのことだったが、オープン当初から大きな反響があり、1日1000杯以上売れる日もある。

2014年（平成26）には「日本橋だし場」を発展させて「一汁三菜」をコンセプトにし

た和ダイニング「日本橋だし場 はなれ」を出店した。にんべんにとって初のレストランだ。「日本橋だし場」から1本奥に入った通りに立地しているので、「日本橋だし場」の奥座敷・はなれという意味で「日本橋だし場 はなれ」と名付けられた。「はなれ」には、従来の和食にとらわれない、洋食やエスニックなどの「はなれ技のようなメニューを提供する」という意味も込められている。

また、「日本橋だし場」で販売していた弁当が好評であったことをきっかけとして、2019年にはJR品川駅内の商業施設に弁当専門店「日本橋だし場 OBENTO」をオープンした。鰹節だしをきかせたおかずに加え、鰹節だしで炊いた炊き込みご飯を使っているのが特徴だ。2020年には渋谷に2号店をオープンした。さらに「日本橋だし場 OBENTO」を発展させた惣菜専門店「一汁旬菜 日本橋だし場」を横浜、池袋、新宿などで展開する。

生活スタイルの変化で、昔に比べると鰹節そのものを購入する消費者は少ない。鰹節削り器がある家庭も少なくなった。百貨店や商業施設がリニューアルするたびに鰹節をはじめとする乾物類の店は減少し、売り場の確保に苦戦するようになりつつある。

今後の成長のためには飲食や惣菜など、鰹節の美味しさを活かした新たな事業展開が重要だ。

■「日本の鰹節」を世界へ伝播する

にんべんは国内で鰹節の需要拡大を図る一方で、海外展開にも力を入れている。2013年（平成25）に日本食がユネスコ無形文化遺産に登録されたことでもわかるように、日本食は海外でも人気があり、日本食レストランが増えている。

かつての日本食レストランでは日本人料理人がいて、鰹節からだしを引くのが普通だったが、最近の日本食レストランでは日本人以外の料理人が調理することが多い。こうした料理人は鰹節からだしを引く方法を知らない。しかし「だしパック」があれば、鍋に入れて煮立てるだけで本物のだしを使った料理を作ることができる。

「つゆの素」は「だしパック」よりも簡単。水で薄めるだけで、だしのきいた本格的な日本料理を作ることができる。ラベルに用途ごとの希釈比率が明記されており、日本食に不慣れな外国人料理人でも簡単に扱える。

日本食レストランとひと口にいってもその価格帯は広い。にんべんは高級レストランでもファストフードでもなく、中間価格帯のレストランをターゲットとし、徐々にハイエンドのレストランに売り込む予定だ。

■共存共栄で、業界の発展に寄与する

にんべんの歴史には、ビジネス成功のための要素が詰まっている。まずは、本業重視、製品重視の姿勢だ。本枯鰹節、フレッシュパック、つゆの素といった主力製品の品質が優れているので、これまで数々の危機を乗り越えることができた。

次にキャッシュフローを重視してきたこと。最近でこそキャッシュフローの重要性が強調されることが多いが、にんべんは「現金掛値なし」や「商品券」の発行などで江戸時代からキャッシュフローを重視した経営を続けている。

にんべんは実力重視の企業で、後継者は直系男子だけではない。4、6、8、9代目は養子。しかも6代目は夫婦ごと養子に入った。商品券導入による経営改革を成し遂げたのは6代目、幕末からの明治の激動期を乗り切ったのは8代目だ。

髙津社長は、にんべんの実力主義について「『家を残す』よりも『店を残す』という意識が強い。優秀な人材を養子にして店を継がせたほうが良いとの考えがある」と言う。

その他、チャレンジ精神が旺盛なことも見逃せない。老舗企業だからといって同じことをやり続けてきたのではない。「フレッシュパック」や「つゆの素」に代表される画期的な商

品の開発に取り組んできたし、海外輸出にも力を入れている。また、最近では中食や飲食事業を推進している。時代の変化への対応を怠ることはない。

特筆すべきは自社だけでなく、業界や社会全体に配慮する姿勢だ。フレッシュパックの製造特許を他社へ開放したことはすでに述べたが、「鰹節カビ」の情報と技術を鰹節業界に広く公開した実績もある。

95ページにあるように鰹節の製造では、鰹節の品質を劣化させる悪性のカビや細菌の繁殖を防ぐため、悪性のカビが生える前に良性のカビを鰹節に付ける。かつては建物や室《むろ》などに自然に住み着いたカビを使用していた。しかし、カビの種類はさまざまで、鰹節の香りや味など品質が一定しなかった。

にんべんは鰹節の品質を安定させるために研究を重ね、1982年（昭和57）に「鰹節カビ」の選定に成功した。安全性が確認されたこのカビを鰹節に植菌し、温度と湿度を管理することで高品質の鰹節を安定的に作れるようになった。

現社長の父である12代目は、鰹節カビに関する情報を自社で囲い込むのではなく、他社に無償で提供することを決断した。より多くの業者が高品質の鰹節を販売することで、鰹節市場全体が拡大することを目指したのだ。

創業者の高津伊兵衛以来、にんべんは同業他社、関連業界、そして社会全体との共存を意識しながらさまざまなチャレンジを続けてきた。グローバル化の進展で企業同士の競争は激しくなるばかり。自社の利益のみを重視する企業は多いが、最終的にはにんべんのように、周囲との共存を意識した企業が繁栄するのではないだろうか。にんべんの歴史が共存の重要性を証明している。

何があっても潰れない会社の極意

- ✓貸し倒れリスクのない「現金掛値なし」商法で、価格の適正化と顧客数拡大を図った
- ✓商品券発行で顧客に商品を渡す前に現金を受け取り、キャッシュフローを潤沢にした
- ✓鰹節製造技術の革新により高品質・高単価の「本枯鰹節」が誕生。経営を支えた

日本を貿易立国に押し上げる青雲の志
ミカン農家から「世界一の研究所」を持つメーカーへ

大日本除虫菊株式会社（殺虫剤など衛生用品の製造・販売）

■「除虫菊で、日本を貿易立国にする」

大日本除虫菊株式会社（以下、大日本除虫菊）。この社名から、日本に暮らす人なら誰もが知る製品が瞬時に思い浮かぶ人は、あまり多くはないだろう。

その製品とは、通称「金鳥の蚊取り線香（正式名称は「金鳥の渦巻」）」である。

「金鳥の夏　日本の夏」という、よく知られるキャッチコピーは実に半世紀余りにわたり使用されてきた。このひと言を聞くと、多くの人が「今年も夏がやってきたんだな」と感じる、これはもはや一製品の宣伝を超えた「日本の夏の風物詩」といってもいいだろう。

その他、「かとりマット」「キンチョール」「虫コナーズ」「ゴン」――蚊取り線香のみならず、大日本除虫菊は日本人に長年親しまれてきた数々の殺虫剤、防虫剤を世に送り出してきた。137年もの歴史を持つ老舗企業であり、今なお業界をリードし続けているトップ日用品メーカーだが、その出自は意外なところにある。

大日本除虫菊の前身は、1885年（明治18）、和歌山県有田郡（現在の有田市）で創業された上山商店だ。商店といっても商材は物品ではない。上山家の家業は、すでに300年以上も続いていた上山柑橘園、つまりミカンなどを栽培する農家だった。

当時、明治政府は輸出を奨励していた。近代化にかかるコストを補うには、輸出で外貨を稼ぎ出すしかない。すでに日本は生糸の輸出国として欧米に知られていたが、他にも欧米に売れそうなものがあれば何でも輸出せよ、という気運が高まっていた。

こうして海外に広く門戸が開かれた時代に、上山家の四男である英一郎が、上山柑橘園のミカンを輸出しようと設立したのが上山商店である。大日本除虫菊のスタートは、ミカンの輸出業だったのだ。

上山商店初代社長となった英一郎は、ここから不思議な縁に導かれるようにして、蚊取り線香の開発に至る。

上山商店の設立と同年、アメリカ・サンフランシスコで植物会社を経営するH・E・アモアという人物が来日した。慶應義塾に学んだ英一郎は、恩師・福澤諭吉にアモアを紹介され、実家の上山柑橘園を案内した。そしてアモアの帰り際には上山柑橘園のミカンに、竹や棕櫚《しゅろ》、葉蘭《はらん》、秋菊《コスモス》など日本特有の植物の苗を添えて渡したという。

アモアと知り合ったことがアメリカの販路開拓・拡大につながれば、という考えが英一郎にあったことは想像に難くない。もとより上山商店のミカン輸出業は順調に滑り出していたようだが、一方、アモアとの縁はまったく別の果実を英一郎にもたらした。

後日、アメリカに帰国したアモアから返礼品として、さまざまな植物の種が送られてきた。「この植物を栽培して巨万の富を得た人が多い」との注意書きが添えてある「ビューハク」と表示された袋の中にキク科の多年草の種があった。

それこそが「除虫菊」、上山商店をミカン輸出業から蚊取り線香をはじめとする日用品メーカーへと変えたきっかけであり、現在の社名のもとになった運命の植物、除虫菊である。ただし英一郎は、「除虫菊と出会った最初の日本人」ではない。公的な記録によると、英一郎が除虫菊を手にする前に内務省衛生局所有の植物園で実験的に栽培されており、殺虫効果も認められていた。にもかかわらず普及しなかったのは、栽培の奨励に当たり種を配布していた地方役人の理解不足や、新しいものを忌避しがちな農家の狭量が原因だったようだ。

こうした背景もあるなかで、英一郎は「除虫菊を日本で初めて実用化し、普及させた人物」になっていく。また、英一郎と除虫菊の出会いは、それまで日本に存在しなかった「殺虫剤工業」の始まりでもあった。1886年（明治19）のことである。

英一郎は、まず自分で除虫菊を育ててみることにした。花を製粉して既存のノミ駆除剤と比べてみたところ、殺虫効果にまったく遜色はなかった。そこで除虫菊を栽培する農家を増やすための全国行脚《あんぎゃ》を始める。しかし、その道のりは決して平坦ではなかった。

まず直面したのは、先に国家事業としての除虫菊栽培が頓挫した理由と同様、新しいものを忌避しがちな農家からの懐疑的な目である。農家には保守的な人々も多く、たいていは除虫菊の栽培をすすめる英一郎を「得体の知れない人物」と見なして門前払いした。

それでも英一郎が諦めなかったのは、福澤諭吉の薫陶を受けたことで「貿易立国こそが日本の生き筋である」と固く信じていたからだ。除虫菊を輸出品へと育てることで貿易立国に関与したいと考えたからこそ、除虫菊普及のために西へ東へと飛び回った。

しかも、除虫菊は痩せた土地でも育つ。これならば荒れ地を持て余している農家の食い扶持になる。除虫菊は日本を貿易国へと押し上げる輸出品の1つになると同時に、貧しい農家の救済策となる可能性を秘めた、まさに一石二鳥の植物だったわけだ。

また、先述のとおり、明治期の日本では一気に海外との行き来が増大した。盛んな交易は日本の近代化のために必要不可欠だったが、それには疫病や外来害虫という代償もつきものだった。外国種の柑橘類の苗と一緒に日本に「輸入」され、大きな被害をもたらしたカイガラムシなどは、その代表格である。

ミカン農園を家業とする英一郎にとって、害虫はのっぴきならない問題だった。貿易立国という国家ビジョンを差し引いたとしても、除虫菊は自身の農園のため、そして日本全国の農家のために絶対に実用化し、普及させたいものだったのだ。

全国行脚を続ける他、英一郎は博覧会などにも積極的に除虫菊を出品した。こうした地道な努力が、徐々に先進的な農家の目にとまるようになっていく。英一郎は、除虫菊を栽培してみたいという声がかかれば種を分け与え、もっと詳しく知りたいという問い合わせが入れば迷わず自ら現地に飛んでいった。

1892年（明治25）には、除虫菊の有用性と共に英一郎の普及活動を紹介する記事を大阪朝日新聞が掲載し、他のマスコミの注目も集めたことで、全国から種の注文が殺到したという。

■世界初の発明「蚊取り線香」誕生前夜

ここから、除虫菊はどのように「蚊取り線香」になったのか。その背景にある大日本除虫菊の企業スピリットはいかなるもので、どのように現在に受け継がれているのか。

当初は、除虫菊の花を挽いた粉末をおがくずなどと混ぜ合わせ、火鉢や香炉の灰の上に円状に撒き、その末端に火をつけるという用法だった。これは煙で蚊を除ける「蚊遣り火」という従来の手法に除虫菊を用いたものだが、少し風が起こっただけで灰が飛び散るうえに大量の煙が発生してしまう。決して使い勝手は良くなかった。

高い殺虫効果がある除虫菊を、もっと使いやすい日用品にするにはどうしたらいいのか。除虫菊という新しい植物に出会った英一郎が、あの「蚊取り線香」に辿り着いた出発点は、こうした発想だった。

最初のきっかけは、除虫菊の普及行脚で訪れた東京の宿で仏壇線香屋の息子と出会ったことである。その人物と話すうちに、英一郎は、線香の原料に除虫菊の粉末を練り込んではどうかと着想した。

こうして1890年（明治23）に完成したのが、いまだかつて世界に存在しなかった革新的殺虫剤、除虫菊を練り込んだ棒状の蚊取り線香である。赤と青のベースカラーに、商品名の「金鳥香」「キンチョウコウ」、鶏のトレードマークを配したパッケージ。どんな人にもひと目で「金鳥の蚊取り線香」とわかるデザインの原型は、このときに誕生したものだ。

現在の「金鳥の渦巻」。パッケージの基本のデザインは、商品が誕生した当初からほぼ変わらない

ここで初めて現れた鶏のマークは、英一郎が信条としていた中国故事「鶏口となるも牛後となるなかれ（大きな集団の末端に甘んじるよりも、小さな集団の頭になれ）」からきているという。小さな集団どころか、日本には存在すらしなかった殺虫剤工業という新しい業界を創出した身として、最先端を走っていくのだ、という気概を込めたものである。

ただし、きわめて画期的な商品ではあったものの、棒状の蚊取り線香には、いくつか決定的な難点があった。

まず、細すぎるために折れやすい。仏壇や墓に供えるだけの線香ならば細くても問題ないが、殺虫剤という日用品となると、どこへ持ち歩いても、どこで焚いても折れずに効果を発揮する頑丈さが求められた。

また、煙の発生量が少ないため、1本ではせっかくの効果が十分に発揮されない。また、燃焼時間が40分と短く、一晩中効果を得るためには何本も取り替えなくてはいけない。苦肉の策として3本を同時に焚ける専用台を付属品としていたが、ある程度の煙の量は確保でき

1953年（昭和28）ごろの蚊取り線香手巻き風景。1日3000巻き以上作る者もいた

ても燃焼時間の問題は解消されない。

より効率的に、より長時間にわたり殺虫効果を持続できるよう、改良を加える必要があった。かといって単に長くすればいいという話でもない。40分の燃焼時間を数時間にするには4倍、5倍の長さにする必要がある。棒状ではいっそう折れやすくなるだろうし、折れなかったとしても使用する際の取り扱いが不便すぎる。

思案に暮れる英一郎に、「線香を渦巻き型にしてはどうか」というアイデアを提案したのは妻・ゆきだった。そこから渦巻き型の蚊取り線香を量産するための試行錯誤が重ねられ、ついに私たちがよく知る「金鳥の渦巻」が発売される。実に渦巻き型の着想から7年後、1902年（明治35）のことである。

渦巻き型になった蚊取り線香の燃焼時間は約6時間、つまり寝る前に点火すれば、朝まで蚊を除けることができる。これならばもっと売れると英一郎が確信したとおり、蚊取り線香は徐々に売上を伸ばしていった。

こうしてミカンよりも除虫菊を多く扱うようになった上山商店は、1919年（大正8）、株式会社化に伴い大日本除虫粉株式会社、1935年（昭和10）には現在の社名である大日本除虫菊株式会社に社名変更した。

■「世界一の研究所」を擁する日用品メーカーへ

渦巻き型の蚊取り線香が開発される一方、「除虫菊を日本の輸出品に育て上げる」という英一郎の展望も着々と実現していった。

1935年（昭和10）には、日本の除虫菊生産高は史上最高となり、世界総生産量の約90％を占めるまでになっていた。大日本除虫菊の売上も、除虫菊粉末の輸出が大半を占めていた。一番の輸出先はアメリカである。それが国内向けの蚊取り線香の製造販売に軸足を移すことになったのは、第二次世界大戦で海外との交易がストップしたからだ。

当時、すでに蚊取り線香を製造販売する競合他社は多くあった。そんな中、改めて国内市場に向き合い、除虫菊製品の先駆けとしていかに差別化を図り、勝つか。

大日本除虫菊が選んだのは、どの同業他社よりも除虫菊を研究し、より良い製品を送り出すという、きわめて誠実かつ堅実な道だった。大日本除虫菊の研究所は、除虫菊の有効成分

「ピレトリン」や、これと同等の効果をもつ合成化学物質「ピレスロイド」の研究などを進めることで、より効率的・安定的な製造を可能にした。殺虫分野においては「日本のみならず世界でもトップレベルの研究所」を擁する日用品メーカーとして新たに歩みを進めたのだ。

当時の研究所がいかに士気が高く、自信にあふれていたかを物語る、次のようなエピソードが大日本除虫菊の社史に掲載されている。

3代目・勘太郎（英一郎の三男。社長就任と共に勘太郎を襲名）が、当時の研究所所長に「うちの研究所は、この分野で日本一といえますかね？」と尋ねたところ、その所長は言下に「冗談ではありませんよ」と否定した。そこで勘太郎が「それじゃ世界一……？」と問い直すと、「もちろんですよ」と力強く答えたという。

研究への注力は、とりもなおさず自社製品の安全性を担保することにもつながった。

殺虫剤の歴史は、化学物質による薬害の歴史でもある。

1974年（昭和49）には、スプレー式の殺虫剤などに多く使われていたエアゾール用塩化ビニール（塩ビ）の発がん性が明らかになり、全面的に使用禁止になった。

大日本除虫菊でもスプレー式の殺虫剤は製造していたが、塩ビは使用してなかった。というのも、一時、実験的に塩ビを採用したところ、ノズルが詰まるなどの不具合がわずかに生じたからだ。大日本除虫菊の研究所は、その原因が塩ビにあることを早々に突き止め、塩ビに代わる物質の開発を進めていたのである。

同研究所は、塩ビの発がん性を見破っていたわけではない。とはいえ、少しの不具合も許さないという真摯な姿勢が、塩ビが使用禁止となったことで多くの同業他社が余儀なくされた大量回収、それに伴う大損失を回避したといえる。

また、1982年（昭和57）には、アメリカ・カリフォルニア大学の研究グループから、地球のオゾン層を破壊するとした「フロンガス公害説」が発表されたが、日本では「1つの仮説に過ぎない」として使用禁止が見送られた。

しかし大日本除虫菊の研究所は「疑わしきは用いず」の精神で、フロンガスを使わない噴霧方式を研究し、人体に害のないガスだけでスプレー式殺虫剤を作ることに成功した。

研究所の功績は他にも数多《あまた》存在するが、この2例を見るだけでも、もともと自然由来で人畜無害の除虫菊を扱ってきた大日本除虫菊の安全性への徹底したこだわりを窺い知ることができる。

■「会社は大きくならなくてもよい。しかし、永遠に存続しなくてはいけない」

そしてもう1つ、大日本除虫菊において特筆すべきは広告戦略である。

戦中に亡くなった2代目に代わり、1943年（昭和18）、副社長から3代目社長となった弟の勘太郎は、「子どもでもわかることを繰り返し伝える、それが宣伝である」と後の4代目・英介に語り、宣伝担当に任命した。

テレビの民間放送が開始されて10年ほどがたち、商品名を連呼するだけの退屈な宣伝が占めていたなかで、自社は「売れる宣伝」を目指そうというわけだ。

かねてより勘太郎自身が広告宣伝を重要視しており、その責任はトップにあるという考えを強く持っていた。民間放送が開始された当初から積極的に番組提供に取り組んだ勘太郎は、コマーシャルでは画面の下部にテロップを流す方式を採用し、必ず自らの手で広告原稿をチェックしていたという。ただし、これは決して儲け第一主義の発想ではない。

「会社は大きくならなくてもよい。しかし、そこで働く人たちのためには永遠に存続しなくてはいけない」というのが勘太郎の信条だった。

大きく儲けて会社を拡大するためではなく、会社を存続させるためには、まず「良い製品」を作ること。そして、その製品が確実に「売れる宣伝」を打つことが欠かせない。だからこそ勘太郎は宣伝を重視していたというわけだ。

1967年（昭和42）、「絶対にコマーシャルには出ない」といわれていた国民的スター・美空ひばりの浴衣姿と共に、初めて「金鳥の夏　日本の夏」というキャッチコピーがテレビから流れたのは、そんな勘太郎の精神が英介に引き継がれた成果の1つだったのである。

思い返せば、大日本除虫菊の歴史は、国の将来をも見据えていた英一郎の壮大な展望から始まった。しかし肝心の商品開発においては、除虫菊から使い勝手のいい蚊取り線香という画期的日用品を作り出した英一郎の精神そのままに、あくまでも「生活者」としての目線が基本にある。

ただイノベーティブな製品であればいいわけではなく、まず生活者としての自分自身が使うかどうか。安心して使い続けられるかどうか。他の製品にはない利便性を、同じ生活者である消費者にアピールできるかどうか。

これらは現在も、大日本除虫菊の社内会議などでもっとも問われる点であるという。

毎年のように斬新なコマーシャルの「新作」が流れる一方、毎年決まって耳目を集めるキャッチコピーがある。新しい発想で生み出された新製品が発売される一方、何十年も昔から変わらない形、変わらない香りの製品がある。

現に、大日本除虫菊の製品に使われている有効成分の多くは合成ピレスロイドに代替されているが、蚊取り線香には、今も除虫菊の粉末が配合されているそうだ。あの独得な香りを変えないためである。

変わり続ける部分と、決して変わらない部分。製品においても宣伝においても「変化と不変のバランス」が絶妙であること、その安心感が、大日本除虫菊が日用品メーカーとして長く生活者たちに愛されてきた理由なのだろう。

何があっても潰れない会社の極意

- ✓類似製品を出すどの競合他社よりも除虫菊を研究し、圧倒的商品力で差別化した
- ✓「子どもでもわかることを繰り返し伝える」をモットーに、広告宣伝にも注力した
- ✓商品の革新性だけではなく、生活者の自分自身が使うか、安心できるかを重視した

塩、ガソリンなど生活必需品の担い手として地域の「御用聞き」に徹する

株式会社吉字屋本店（石油製品卸売・小売業など）

■あの逸話「敵に塩を送る」の立役者

1567年（永禄10）、名だたる武将たちが群雄割拠する戦国時代の最中、甲斐国《かいのくに》を治める武田信玄は天下統一を争う諸大名の筆頭格だった。

その信玄の南進政策を恐れた駿河の今川氏と相模の北条氏は、武田氏領地への塩の配送を絶ち、勢いに歯止めをかけようとした。これを「塩止め」と呼ぶが、その窮状を見かねて助け船を出したのが信玄の好敵手だった越後国の上杉謙信であった。

川中島で何度も戦った敵同士でありながら、謙信は信玄に越後の塩を提供しようと申し出た。謙信のほうにも、特産品である塩を有料で融通することで越後の経済を活性化させようという思惑があったのかもしれないが、この申し出により甲州が救われたことは事実だ。これが、よく知られている「敵に塩を送る」という言葉の由来となった逸話である。

武田信玄の時代に作られた甲州金「露壱両金」。「吉」の字が刻まれている

この逸話に関わっているのが、現在、株式会社吉字屋《きちじや》本店（以下、吉字屋）を経営する高野家の先祖・塩屋孫左衛門である。信玄に命じられ、孫左衛門は、この貴重な「義塩」を越後まで受け取りに行った。

その功績により、孫左衛門は、当時の甲斐国の通貨甲州金「露壱両《つゆいちりょう》金」の刻印である「吉」の字を屋号とすることを信玄から許された。こうして「吉字屋」が誕生することとなった。

日本随一の強さを誇った甲斐国の弱みは、周囲を海に囲まれていないために自国内で塩を生産できないことだった。そのため、おそらく危機管理という意味で塩の卸業に携わる人々が存在し、その中に塩屋孫左衛門がいたということだろう。公には1568年（永禄11）創業とされているが、それ以前から塩の業務に携わっていたと考えられる。

時は流れて、現在の吉字屋の主商材は石油製品だ。創業以来、塩を扱ってきた吉字屋が油（灯火油・食用油）を扱い始めたのは、おそらく江戸中期（嘉永7年版『甲府《こうふ》買物獨案内《かいものひとりあんない》』

掲載）といわれている。さらに時代は江戸から明治に移り変わり、塩が専売法の対象になったこと、そして石油ランプの普及によって灯油の需要が高まったことを機に、吉字屋は本格的に塩から油へと商材を転換していく。

明治、大正、昭和の初期にかけて、我が国における石油の輸入は外国企業のライジングサン石油とスタンダード石油を通して行われていた。

1893年（明治26）、財界人の浅野総一郎はライジングサン石油のオーナー会社・サミュエル商会と契約し、横浜に油槽所（ガソリンなどを一旦貯蔵し、タンクローリーに積み込む機能を持った施設）を建設。15代目・孫左衛門は、その浅野とすぐさま契約を取り交わし、日本初の石油特約店として山梨県で石油製品の販売を始める。浅野とサミュエル商会の契約が終了して以降は、直にライジングサン石油と契約して特約店となった。

さらに大正、昭和と時代が移り変わるにつれて、ガソリンなどの石油製品の需要は右肩上がりに増していったが、太平洋戦争が始まると石油製品は統制品となる。

16代目・孫左衛門は、山梨県内の特約店が統合して設立した山梨県石油販売株式会社の社長に就任し、戦時下の石油配給に当たった。そして終戦後の1948年（昭和23）、吉字屋はライジングサン石油改めシェル石油の特約店になった。

かつては塩を扱い、油へと手を広げ、時代の流れに揉まれつつ紆余曲折を経てきた吉字屋だが、戦後に改めてシェル石油の特約店となったのだ。

吉字屋は、小売と卸売の両方で一般家庭用の燃料から産業用燃料、潤滑油まで幅広く扱っている。

取引のすべては、1985年（昭和60）に昭和石油と合併して誕生した昭和シェル石油をパートナーに、昭和シェル石油が2019年4月に出光興産と経営統合したことから、現在は出光興産の特約販売店として、地域社会におけるエネルギー安定供給の責任を担っている。

■「最古にして最新たれ」

吉字屋の社是は「最古にして最新たれ」。この姿勢は、もともと塩問屋であったものが時代の変化に俊敏に対応し、明治期の「最新」であった油へとシフトしたことからも明らかだが、現在の18代目・髙野孫左ヱ門社長は、直近の具体例として「太陽光発電」を挙げる。

たとえば、山梨県が東海沖地震の警戒区域の指定を受けていることに配慮して、新設の給油所では完全独立で電源が供給できるようにした。いわゆるコージェネレーション（熱源より電力と熱を生産し供給する）システムと太陽光発電システムの併設により、独立して電気供給ができる給油所を作ったのである。

きっかけは、1986年（昭和61）ごろ、昭和シェル石油が薄膜太陽電池の研究・製造をしていたことにある。その動向に注目していたところ、1989年に資源エネルギー庁省エネルギー石油代替エネルギー対策課を窓口として太陽光発電補助事業を行っていることを知り、手を挙げた。

制度として発足はしたものの、まだ多くの企業が二の足を踏んでいるなかで吉字屋は率先して一歩を踏み出した。歴史ある企業として従来の事業だけにこだわるのではなく、新しいことにもチャレンジする。それは、先に挙げた新設給油所のコージェネレーションシステムというかたちで結実した。まさに、「最古にして最新たれ」を地で行く例だったのだ。

また、太陽光発電といえば2009年（平成21）には「太陽光発電の余剰電力買取制度」が施行され、一時は利益を求めて多くの人が参入した。そのブームはたちまち去ったが、吉字屋は地道に太陽光発電の提案・販売事業を続けてきた。

その取り組みが、昨今、ふたたび注目を浴びている。太陽光発電の自家消費ニーズが高まっているからだ。つまり太陽光発電による電気を売って利益を得るのではなく、太陽光で自家発電することで、電気会社に支払う電気料金を下げるというニーズである。

また、2020年11月に行われたG20サミットでは、菅義偉《すがよしひで》首相（当時）が「温室効果ガスの排出量を2050年までに実質ゼロにする」と発言した。一時の流行で半ば終わった感も否めなかった再生可能エネルギーだが、この発言によって、CO_2削減という観点からも改めて脚光を浴びつつある、と髙野社長は見る。

吉字屋は世の中の雰囲気に流されることなく、ただ素直に自分たちが必要だと思ったから太陽光発電事業をコツコツ続けてきた。その間、着々と知識と経験を蓄積したことで、現在、経済効率と環境配慮の両面で太陽光発電を取り入れたい、という企業からの引き合いが多くある。

最古にして最新であろうと努めたことが時間を置いて評価につながり、実績にも結びついているのだ。

■千載一遇の商機にも、暴利を貪らない

吉字屋は、創業から一貫して山梨という地域に密着して事業を営んできた。その根底にあるのは「大きくなることと成長することは別のものである」という考え方である。髙野社長は企業の成長を「立方型の体積」にたとえて、その真意を説明する。

底面積（活動対象エリア・取扱い商品）×高さ（お客様との関係性）で求められる立方型の体積を仕事が生み出す価値と見立てたとき、その体積を増やす方法は、底面積をより広くするか、より高さを出すのかの2つとなる。

事業の広域展開をするのが底面積を広げることだとすれば、地域に密着して取引先の信頼を得るのは高さを出すこと。吉字屋は後者に力点を置いているのだ。

高さを「深さ」と読み替えれば、全国、あるいは海外との「広域なお付き合い」で体積を増やすのではなく、地域との「密接で深いお付き合い」によって体積を増やす。それこそが吉字屋が重視し、常に目指している成長のかたちなのである。

一例として挙げられるのが、1974年（昭和49）のオイルショックだ。石油価格の高騰により、石油の小売、卸売としては石油価格を不当に釣り上げることで自社の利幅を広げることもできた。実際、この事態を「千載一遇」と表現し、世間から非難を浴びる事例があった。吉字屋は、暴利を貪《むさぼ》らないことは当然としたうえで販売先を整理し、地域の病院や救急車両など公益需要への供給を最優先させた。

また、山梨県では2011年（平成23）の東日本大震災、さらには2014年（平成26）の通称「バレンタイン豪雪」で物流が途絶えた。バレンタイン豪雪のときには2メートルも

吉字屋の目指す成長の在り方

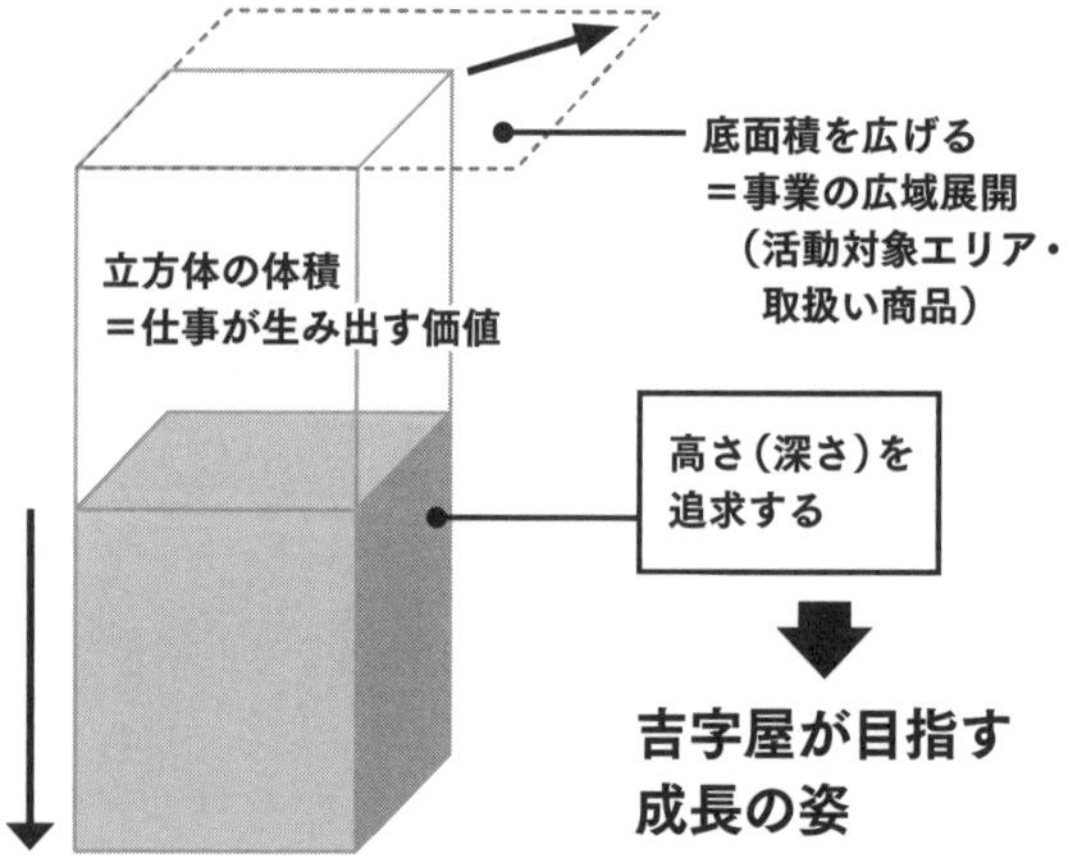

の雪が積もって、2週間ほど陸の孤島になってしまった地域もあった。

こうした危機的状況でこそ、企業の姿勢が問われるものである。燃料油の供給にしても、合理性や効率性を優先させる企業は地下タンクに保管してある燃料を一度に売り切り、休業しようとする。しかし吉字屋は、より多くの人に行き渡るように1回当たりの供給量を限定し、小売でも卸売でも供給の流れを止めなかった。しかも社長のトップダウンではなく、社員たちが自ら、そのように行動したという。

髙野社長は、「細く長く、一人でも多くの人に供給する。これが公益性であるというのが当社の価値観であり、社員みなに行き渡っているのです」と話す。これらの例はいずれも、地域の公共性を重んじた結果だ。

■「御用聞き」に徹し、新たな需要を掘り起こす

さらにもう1つ、髙野社長は、思ってもみない危機を乗り越えるには「御用聞きの姿勢を貫くこと」が重要であると考えているという。御用聞きにとって重要なのは、「相手のニーズを把握していること」だ。普段から密に付き合い、常に想像力を働かせることで、ときには取引先が自分でも気づいていないような潜在的なニーズを掘り起こす。2020年に始まったコロナ禍においては、吉字屋も少なからず影響を受けたが、この御用聞き精神で乗り越えてきた。

たとえば、対面での営業活動が制限される中、工業団地の名簿や産業集積地のリストをもとに自家消費型の太陽光電気設備の設置案を提示し、興味を示した相手にはオンライン面談で詳細を説明・提案するようにした。

また、山梨県では、適切な感染拡大防止策をとっている施設に対して独自に「グリーン・ゾーン認証」を発行。この認証を受けるには、二酸化炭素濃度の測定器や空気清浄機が必要になるため、こうした機器の設置案、換気をよくする施設リフォーム案なども提示している。

従来の燃料ビジネスが苦境に立たされるなかでも、「困っていませんか?」「こういうものが必要ではないでしょうか?」という御用聞きマインドで、新たな需要の掘り起こしに取り組んでいるのだ。

■「ガソリンスタンド」から「モビリティステーション」へ

ガソリンの国内需要は、10年後には30%ほど減少すると見られている。人口減少と車の電動化、さらにはコロナ禍を機にリモート化が進み、人の動きが減ることもガソリンの需要減を加速すると髙野社長は見ている。石油業界では、すでに生き残りをかけた競争が始まっているのだ。

この競争で勝ち残るためのキーワードは「利便性」。長年にわたって燃料を安定的に適正価格で供給してきた吉字屋は地元で信頼されている。この「信頼」に「利便性」という付加価値を付与しようというのだ。そこで吉字屋が現在、進めているのが、燃料販売だけの従来型の「ガソリンスタンド」から「モビリティステーション」への転換だ。

モビリティステーション――燃料を供給するだけでなく、自動車の購入から車検、保険、さらにはレンタカー、カー・シェアリングに至るまで、「自動車=モビリティ(移動)に関わること」を総合的に提供する。そうなると客は、車検は整備工場へ、保険は保険会社へ、車を借りるときにはレンタカーへと行き先を変えずに済む。

また、自動車の清掃機能を兼ね備えているスタンド内でレンタカー事業やカー・シェアリング事業を営むことで、昨今とみに重視されている「清潔性」も確保できる。

返却された車は、すぐさま敷地内で清掃に回される。スタンド内のレンタカーやカーシェアリングなのだから、この業務フローは客にも容易に想像がつく。あるいは実際に目にすることもあるだろう。したがって客は「誰が触ったかわからないハンドルに触れ、ちゃんと清掃されたかどうかもわからない車内で過ごす不安」から解放されるのだ。

「自動車＝モビリティ（移動）に関わること」を総合的に提供するのが、吉字屋が目指すモビリティステーションだ

こうしたモビリティステーションへの転換を図ることで、吉字屋は、まさに安全、安心、そして利便性という付加価値を提供できる体制を着々と整えてきた。

2007年（平成19）には、塩卸売業・食品輸入販売企業のジャパンソルトとの縁が結ばれたことをきっかけに、吉字屋はスローフード（イタリア産の塩や食材・ワインなど）の販売事業にも手を広げる。もともとは塩問屋だった吉字屋の、原点回帰ともいえる事業が始まった根底には、かつての生業を今に継承したいという思いがあった。

そして2011年（平成23）、自社直営のスタンドに輸入食材のショップとカフェを併設する。カフェでは、販売している食材の試食を目的に、商品を使ったランチを提供している。

そもそもの発想は、給油などに訪れた客に快適な待機空間を提供したいというものだった。要するに給油だけを目的としない、人々の移動から生じるいくつかの目的を実現できるモビリティステーション化の一環として始めた、ショップとカフェだった。

地域密着型の企業として「山梨から出ないこと」を旨としていた吉字屋が、数ある事業形態の1つ、輸入材の販売経路を広域展開することにしたきっかけは、社会のデジタル化が進展したことだ。顧客のニーズを把握するシステムを活用し、デジタル版「御用聞き」の実現が可能になった。インターネットを通じて販路が拡大したのである。このような展開が待っていようとは、おそらく、髙野社長を含め、誰も予想していなかったに違いない。

それでもなお、吉字屋のアイデンティティが地元・山梨県に深く根ざしていることには変わりない。地域の頼れる「モビリティステーション」として、吉字屋はこれからも「御用聞き」としての役割を存分に果たすべく進んでいく。

何があっても潰れない会社の極意

- ✓山梨という地域との「密接で深いお付き合い」で堅実に成長した
- ✓顧客のニーズを把握し、提案する「御用聞き」の姿勢で新たな需要を掘り起こした
- ✓経済危機に際して暴利を貪らず、公的な利益を追求する姿勢で、信頼を積み重ねた

「三方よし」の近江商人イズム ものづくり大国・日本の寝具メーカー、世界へ

西川株式会社（寝具メーカー）

■ルーツは、「機を見るに敏なり」で成功した近江商人

「羽毛布団といえば西川」。そんなイメージを持っている人は多いだろう。実際は羽毛布団のみならず、アスリートにも愛用者が多い高性能マットレスなど多岐にわたる寝具を通じて、「質の良い眠り」という価値を生み出し続けている。

西川株式会社（以下、西川）の歴史は456年にもおよぶが、当初から寝具の製造・販売をしていたわけではなかった。

1566年（永禄9）、戦国の世の近江国で初代・仁右衛門《にえもん》が商いを始める。1576年（天正4）には織田信長が安土城《あづちじょう》を築き、自由な商売を促進する政策、「楽市楽座」を始める。信長は1582年（天正10）、明智光秀の謀反で倒れるが、その方針は、光秀を討ち天下人となった豊臣秀吉に引き継がれた。

秀吉の命で甥・秀次《ひでつぐ》は1585年（天正13）に近江八幡山《はちまんやま》城を築城。城の周辺に城下町を作る。この折に初代は八幡町に移り住み、城下町を築く大工組の長を務めたという。そして1586年（天正14）に八幡町でも楽市楽座が敷かれると、翌1587年（天正15）に店を構え、商いを本格化させていく。

初代は、息子たちを伴って近江国と能登国《のとのくに》を行き来し、さまざまな物産を行商して歩いた。つまり、「近江商人」が西川のルーツである。

近江商人は「倹約」「開拓」「三方よし」（売り手よし、買い手よし、世間よし）などの経営哲学で知られ、現代においても「良きビジネスの手本」として引き合いに出されることが多い。しかし、なぜ彼らがそうした哲学を構築するに至ったのか、歴史的背景まで知る人は意外と少ない。

すでに高齢の秀吉には男の子がなく、秀次が後継ぎになると目されていた。ところが1593年（文禄2）に拾丸（のちの秀頼）が誕生したことで状況は一変する。拾丸を溺愛する秀吉から謀反の疑いをかけられた秀次は切腹、八幡山城も廃城となってしまった。

当然、その城下町で商いをしていた新興商人たちも苦境に立たされることになる。人や物の流れが激減したことに加え、「謀反人・秀次のお膝元で商売をしていた人」という風評被害により、商売はどんどん厳しくなっていく。

そんな状況で彼らが苦肉の策として始めたのが、なるべく経費を切り詰めつつ、外地の方々を行商して回ることだった。これが近江商人の「倹約」と「開拓」の精神のもとである。

また、見知らぬ土地で商売をするとなると、これまで以上に「信頼」「信用」が重要になる。だから、売り手の自分たちさえ潤えばいいのではなく、買い手も満足し、社会に貢献するような商いをする。この「三方よし」の哲学も、地元を離れて行商するうちに醸成されたものだったのだ。

このように、抗えない世相によって元来の本拠地から半ば追い出されざるをえなかった商人たちこそ「近江商人」であり、彼らが生き残りをかけて確立した商いのスタイルこそ、現在、「近江商人の経営哲学」として語り継がれているものなのである。

西川家の初代もまた、行商に一筋の活路を見出した近江商人の一人だった。さらには天下分け目の関ケ原の合戦、大阪冬の陣と、家康が着々と豊臣家を滅亡へと追い込んでいくなかで、初代は素早く次の行動を起こす。家康が大阪夏の陣に勝利して徳川家が政権を握るや否や、改めて近江八幡に店を構えると共に、家康が幕府を開いた江戸・日本橋に幕府からの招致案に乗り出店に踏み切った。

いったんは豊臣の世を見込み、近江八幡に移り住んで城下町の形成に一役買い、商いも始めたが、その後は徳川の世を見込んで江戸に出店する。まさに機を見るに敏なり、である。

現在、西川の経営を担う西川八一行《やすゆき》社長は、これほど長い歴史を持つ自社の素晴らしい点を1つずつ発見し、今に生かしていこうと、社長就任後、改めて歴代の経営者の足跡を学んだそうだ。まず感銘を受けたのは、近江から江戸に進出した初代である。

たしかに今でこそ近江と江戸、滋賀と東京は新幹線であっという間だが、当時は違う。「現代的な感覚でいうと、インドやアフリカの経済成長を見込んで出店するような感じ」と西川社長は表現する。

「今の状況が将来もずっと続くと考えていると、大きな変革が起こったときに倒れてしまいます。初代は政治状況から的確に未来を読み、実際に他に先んじて思い切った投資をした。地元を追放されるという苦境をチャンスに変えていったのが近江商人ですが、なかでも当家初代の先見性とチャレンジ精神には驚かされます」

柔軟に世相に対応する先見性とチャレンジ精神が、西川家の源流なのである。

■世間を仰天させた「萌黄色の蚊帳」

近江商人の先駆けともいえる初代は江戸に進出した。では、さまざまな物産を扱う行商人であった西川家が「寝具」に関わるようになったのはいつごろなのか。

「布団」に辿り着くのはまだ先のことだが、2代目・甚五は、ある画期的な寝具を世に送り出した。「萌黄色《もえぎ》の蚊帳」である。寝ている間に蚊に刺されないよう、布団の周りに張り巡らせる蚊帳というものは、すでにあった。それに爽やかな萌黄色の着彩を施したという点が新しかったのだ。

あるとき箱根越えの最中に疲れた2代目が、体を休めようと木陰で横になったところ、「緑色のつたかずらが一面に広がる野原」の夢を見た。そんな涼味あふれる風景を蚊帳で再現できたなら、さぞかし人々の気持ちが和むだろう、と2代目は考えた、というのが西川に伝わる開発秘話である。

ところが、このアイデアの実現は容易ではなかった。当時は「緑色の染料」がなかったからだ。草木で染めると仕上がりは茶色っぽくなり、「爽やかな緑色」とはいかない。染料に関する見聞を重ねた2代目は東北で盛んだった「藍染め」を知り、まず近江にある刈安《かりやす》で黄

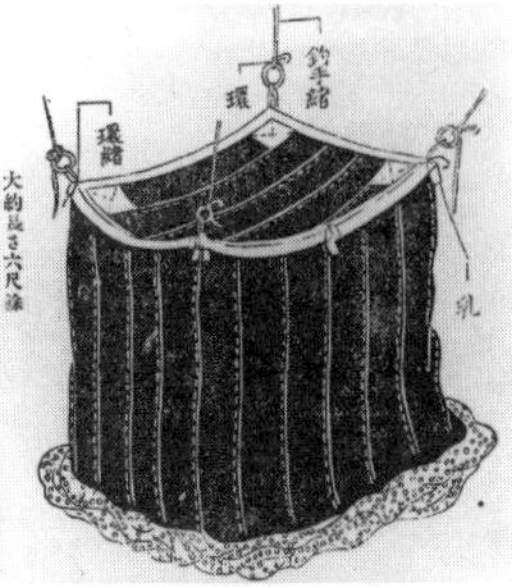

西川が発明した「萌黄色の蚊帳」は、江戸時代を代表する人形浄瑠璃作家・井原西鶴の『西鶴織留』でも言及されている

色に染めてから藍色に染めることで、爽やかな緑色を表現することを考えついた。

二度染めには手間がかかる。しかし2代目は、今までになかった色こそが大きな付加価値となると考えて製品化に踏み切った。この萌黄色の蚊帳は、喜多川歌麿の浮世絵にも描かれており、庶民生活に浸透していたことがわかる。2代目の読みは、みごと的中したのだ。

こうして2代目は、それまでは単なる蚊除けであった蚊帳に、インテリアとしての価値を付与した。生活用品に「感性的付加価値」をつけようと考えつき、その点にこだわって実現させたというのは初代とも通じる先見性やチャレンジ精神の表れだろう。

西川社長も「2代目は往々にして、初代が築いた土台にあぐらをかいて失敗しがちなのに、そうならなかったところに非常にガッツを感じます。西川の源流ともいえる、こうした精神はぜひ引き継ぎ、さらに発展させていきたい」と話す。

萌黄色の蚊帳というヒット商品を生んでからも、西川家は畳表《たたみおもて》（畳の表に貼り付ける井草の敷物）や灯油、古着などさまざまな物品を扱った。享保年間には京都の弓屋を買収し、京都で製造される弓の江戸での販売権を独占するなど、事業内容・規模も拡大していった。

■7代目・利助が行った、近代的な3つの経営改革

もう一人、特筆すべきは「西川家の中興の祖」といわれる7代目・利助だ。

7代目は創業以来の西川家の記録などを総ざらいし、整理した。そのうえで、第一の改革として自己資本力を強化し、第二の改革として奉公人の士気向上を図り、さらに第三の改革として、西川家の末永い発展を確たるものとする制度を確立した。

それぞれの改革内容は、次のようなものだった。

木造建築が主だった江戸の街では火事が日常茶飯事だった。それに加えて地震や水害などもたびたび起こる。不作や自然災害による飢饉のリスクとも常に隣り合わせだ。しかし当時は保険制度などなく、災害からの復旧にかかる費用はすべて被災者の負担だった。

そこで利助は、急な出費に備えて各店の純益を本家の総収入と区別して積み立てる「除《よけ》銀《ぎん》」制度を設けた。さらに各支店から「地代」を徴収し、商人に貸し付けることも始めた。また、除銀が貯まってきたら、その一部を家屋敷の購入に充てた。今でいうところの不動産

投資である。その地代もまた商人への貸付金とした。

貯まった現金は現金のまま持っていても増えないが、不動産という資産に替え、その賃料を貸付金とすれば利子収入が生まれる。除銀、地代という2つの仕組みを取り入れることで、利助は自己資金が増える仕組みを確立したのである。これが第一の改革だ。

第二の改革、奉公人の士気向上のために取り入れられたのは「三ツ割銀制度」だ。これは奉公人にも決算を開示し、商売で得た純益の3分の1を奉公人に分配する、もしくは運用して退職時にまとめて手渡すという、現代の賞与や退職金に当たる制度だ。奉公人からすれば、がんばって純益が上がれば自分たちへの分配も増えるため、いっそう仕事に励むようになったという。

折しも時代は江戸中期。重商主義を重んじ、「金満政治」と非難された老中・田沼意次《おきつぐ》が天明の大飢饉を契機に失脚し、次に老中となった松平定信による「寛政の改革」が行われていたころだ。

田沼の時代とは打って変わって厳しい緊縮財政が敷かれ、賄賂なども徹底的に取り締まられた。江戸の経済は急速に冷え込んでいく。現に江戸に出店していた近江の商家は、田沼時代には15家ほどあったものが、寛政の改革で店を畳む家が続出し、4家にまで減ってしまったと記録が残っている。

このように、かつての栄華が嘘のように経済が縮小し、商いに携わる人々が総じて不安に陥っている中、導入されたのが三ツ割銀制度だったのだ。業績に応じた報酬をきっちり分け与える。それを明確な制度として定めたことが、大不況の最中に西川家奉公人の士気を大いに上げたことは想像に難くない。

そして第三の改革は「別家制度」の制定だ。かねてより西川家では、貢献度の高い奉公人に分家の資格を与えてきた。そこで7代目は、「本家・親類・分家」という三者の共同責任体制を確立し、西川家の末永い発展をより確実なものとするために、分家の義務や権限を明確に定めたのである。

現在、西川を率いている西川社長の前職は、国内銀行の社員だ。海外支店でキャリアを積み、経営学などの知見も深い。その西川社長の目には、7代目のような改革者がいてこそ今の西川があるということが、新鮮に映る。そして、かつて金融マンとして学んできたことが改めて腑に落ちるようにも感じられるという。たしかに7代目が行った改革は、今風に表現すれば経営の合理化やES（従業員満足度）であり、現代に置き換えても十分に通用する。

さて、7代目の改革は以上のとおりだが、西川家が寝具の扱いを強化したのは、9代目・

甚三郎の時代のことだ。2代目が生んだ萌黄色の蚊帳は依然として主力商品の1つだったが、いかんせん蚊帳の売上は夏に限られる。そこで扱い始めたのが布団だった。夏には蚊帳、冬には布団ということで、「蚊帳・布団の西川」の名が浸透した。

さらに時代を下り、西川家はさまざまな商品を扱う総合商店から、寝具を主に扱う専門商店へと転換。戦後の高度経済成長期には「合繊わた（化繊と天然綿毛の混合綿）」を使った「軽くて温かく、打ち直しの必要がない布団」を開発し、経済の成熟期には品質にこだわった「高級羽毛布団」を製造するなど、一流寝具メーカーとしての地位を確立していく。

■背水の陣で取り戻した、一流寝具メーカーの矜持

西川社長が西川に入社したのはバブル経済崩壊後の1995年（平成7）である。

バブル期の日本では、ライセンスブランドが盛んだった。バーバリーやセリーヌ、ケンゾーといった有名海外ブランドのライセンスを取得し、そのブランドの商品や、そのブランドのロゴを配した自社製品を主に百貨店で展開するというビジネスだ。当時の西川でも、このビジネスが事業の中核をなしていた。

ところがバブルが崩壊し不況に転じると、ライセンスの取得側にとっては苦しい状況が生

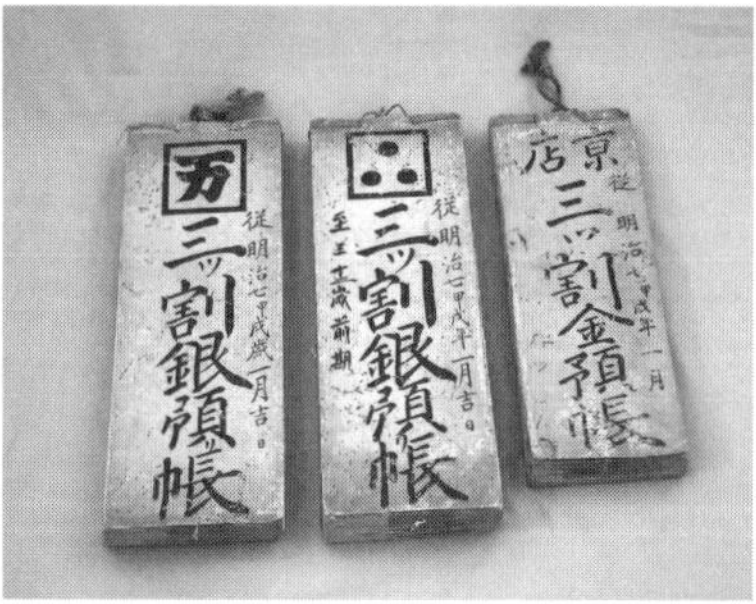

1874年（明治7）、万∴京店の「三ツ割銀預り帳」

じる。ブランド側がロイヤリティの値上げを求めてくるようになったのだ。売値は変えずに、より高いロイヤリティを支払うとなれば、当然、自社の利益は圧縮される。有名海外ブランドのロゴが入った西川のタオルや毛布は、よく結婚式の引き出物などにも用いられていた。しかしバブル崩壊以降は、結婚式そのものが簡素化していったことで、そうした売上もみるみるうちに減少していった。

さらにもう１つ、西川には頭の痛い問題があった。「婚礼布団」の需要減である。婚礼布団とは、新婚夫婦の両親などが結婚祝いとして、高級羽毛布団をプレゼントするという慣習だ。ライセンスブランドのものともなれば、布団一組50万円や１００万円というのもザラだった。それがバブル崩壊後の不景気と共に下火となってしまったのだ。

かつては西川の大黒柱だった主要な事業が軒並み落ち込んでいく様を、入社したばかりだった西川社長は目の当たりにしたのだ。そこで考えた問題点は主に２つだったという。

１つは、ライセンスブランドは華やかではあるが、ブランドの人気頼み、消費者のライフイベント頼みであるという点。これからは、よりきめ細やかに消費者ニーズに応えるような、丁寧なものづくりが求められると考えた。

そしてもう1つは、ライセンスブランドでは、ブランドの発言力が圧倒的に強く、ライセンスを取得する側はどうしても、弱い立場に置かれがちであるという点。

以上の2点から導き出されたのは、ライセンスブランドというビジネススキーム自体が、すでに大きな利益を見込めるものとして成立しにくくなっている、という結論だった。

その一方では量販店の興隆という、また別の無視できない背景もあった。厳しい価格提示と品質とのバランスをとることが非常に厳しい状況であった。さらに、従来の取引先である寝具専門店や個人商店との関係性も重要であり、どちらを立てても生き残りが難しいという、苦しい板挟み状態でもあった。

このようなわけで、バブル崩壊後の西川は関連各社も含めて赤字が続いた。そして2006年（平成18）、西川社長は先代から経営のバトンを受け取ることになったのである。

西川社長が、まず着手したのは社員のモチベーションの向上だったという。社員一丸となって業績を伸ばすべく、西川のルーツである近江商人の「三方よし」や古くから伝わる社是をもとにクレド（行動指針）を確立。また、期ごとに業績を開示し、増収となった期には決算賞与を出すことを約束する。これは、いわば7代目が取り入れた「三ツ割銀制度」の現代版だ。

では、実際にどうやって業績を伸ばしたのか。ライセンスブランドだけに頼るべきではない。代わりに取り組んだのは「西川」そのもののブランド化だ。

従来の西川製品ではライセンスブランドのロゴばかりが目立っており、消費者には「西川製品」としてほとんど認識されていなかった。社員の間でも「我々は上質な寝具を作る一流メーカーである」という自覚が欠如していた。

しかしもとをただせば、製品の品質を担保しているのは西川の技術に他ならない。その点をいっそう強化し、前面に押し出すことで、「上質な寝具といえば西川」というブランディングへの方向転換を図ったのである。一流メーカーとしての矜持を取り戻すことは、社員のモチベーション向上にも直結する。

そして生まれたのが、2009年（平成21）に発売した「エアー」だ。消費者が欲しくなるようなデザイン性を兼ね備えること、そして「寝具の違いを一番わかってくれそうな人」、すなわち一流アスリートに実際に使用してもらい、その感想を宣伝材料としたのである。

「エアー」の発売は、リーマンショックの翌年。過去に取得した不動産の価値が大幅に低下するなど、西川も相応の損害を被った。世界的金融危機が進行中という大きなプレッシャーの中、エアーは逆張り的に発売されることになったのである。

蓋を開けてみれば、折しも西川がサポートしていた選手たち（楽天イーグルス［当時］の田中将大《まさひろ》投手など）が好成績を収めたことや、「睡眠の重要性」「心身のコンディショニング・アイテムとしての寝具」がメディアで取り上げられるようになったことなどが追い風となり、［エアー］の販売は順調に伸びていった。これは、もはやライセンスブランドではない「西川ブランド」の好調なスタートでもあった。

それからわずか3年後、２０１１年（平成23）に起こった東日本大震災もまた、西川の企業アイデンティティに大きく影響を与えた。

物流がストップする中、西川は、もともと付き合いのあった東北の運送会社のツテを辿って寝具の供給を絶やさなかった。良質な睡眠を得るには、上質な寝具が欠かせないからだ。大規模災害という極限状態で、まず求められるのは水や食料だが、復旧、復興まで長引くにつれて急激に重要性を増すのは良質な睡眠なのである。

そういう意味で、西川社長は東日本大震災を機に「エッセンシャルワーク」としての寝具メーカーの立ち位置を再認識し、社員に対しても強く語ったという。

■日本を代表する「世界の西川」へ

西川は今や「一流の寝具ブランド」として認知されている。2019年には、戦後80年近くライバル関係にあった三社（大阪、京都、東京）の統合も実現した。それは、従来のビジネスではどちらを向いても生き残る道が見出せない、そんな背水の陣でとられた戦略が奏功したからに他ならない。バブル崩壊後の危機的状況下で再構築された一流寝具メーカーとしての矜持、ブランディングは、2020年に始まったコロナ禍でも発揮された。

緊急事態宣言下で、街の大規模店は休業や時短営業を余儀なくされた。店を開けられなければ、物は売れない。西川も例外ではなかった。寝具の需要が上がるなかで、西川はメーカーとして生活者に何を提供すべきかを検討するに至った。では、どうするか。

西川社長が新たな一手として着想したのがマスク製造だ。西川がずっと真剣に作ってきた寝具は毎日、しかも長く使うものであり、素材の質や縫製技術にはもともと自信がある。これらを活用し「100回洗っても形を保ち、飛沫の飛散を防ぐ国産のマスク」を作ってはどうかと考えたのである。

マスク市場は、供給が少ない状況であり、感染の拡大防止に貢献すると共に、生活に安心を届けたいとの意図もあった。

こうして発売された「西川のマスク」は、あっという間に世間の評判をさらった。大手通販サイトで採用されたかと思うと、しばらくランキング1位を独走し、入荷待ちとなったほどである。日本中でマスクの品薄が続く中、まずは300万枚ほどを供給した。

そうなると、今度は夏に向けて涼しいマスクを作ろう、さらには「毎日使うファッションアイテム」としても楽しめるようにデザイン性を高めようと、熱のこもりにくい涼感マスクや、人気キャラクターをプリントしたマスクも仲間入りした。たしかな機能性の次は感性的付加価値を創造するという、2代目の「萌黄色の蚊帳」を思い起こさせる話である。

移り変わる世相に敏感に反応し、柔軟な発想力と先見性を持って新しいことにチャレンジする。初代から続く精神は今もたしかに息づいている。この先、西川はどこへ向かうのか。

西川社長が示したのは、「寝具製造の技術を応用し、睡眠ソリューションを提供し、生活全体の改善に貢献する」だ。

具体的には、たとえば睡眠中に髪や肌を摩擦の刺激から守る枕カバーである。眠っている間、肌や髪はずっと枕カバーに触れている。寝返りを打つたびに摩擦が起こる。そう考えれば、髪と肌を摩擦の刺激から守る枕カバーには、髪に優しいヘアケア剤、肌に優しい基礎化粧品と同等の価値があるという発想だ。

また、お尻や腰が痛くなりにくいシートクッションや、暖房費の節約につながるひざ掛け、羽毛入りフットウォーマーなど、コロナ禍を機に増えたリモートワークで活用できそうなアイテムもある。シートクッションには、いずれ座った人の健康状態を内蔵センサーでチェックできる機能を付加し、遠隔医療や予防医学の進展にも貢献していきたいという。

こうした展開のさらに先に見据えているのは、「日本を代表する『世界の西川』へ」というビジョンだ。「ものづくり・日本」を代表する企業の1つとして、世界でのシェア拡大を狙う。近江から江戸に打って出た初代の姿が、ここでも重なって見える。

何があっても潰れない会社の極意

- ✔世相を敏感に察知し、「機を見るに敏なり」の姿勢で挑戦し、成果をあげた
- ✔除銀・地代制度で自己資金を増やす仕組みを確立、三ツ割銀制度で社員のやる気を向上
- ✔「西川」自体のブランド化により、ライセンスブランド商品に頼らない商品力を磨いた

「実利」よりも「信義」「紙屋」としての企業アイデンティティを追究

中庄株式会社（紙の専門商社）

■長男に義理立てした三男坊が始めた商売

中庄は紙の専門商社である。創業は1783年（天明3）、歴史は239年にもおよぶが、「紙の専門商社」と聞いても、どのような仕事をしているのか、多くの人は想像がつかないのではないか。

紙業界には、大きく分けて「製紙会社」、一次問屋である「代理店」、二次問屋の「卸商」という3業態がある。

中庄は、トイレットペーパーやティッシュペーパーなどの「家庭紙」については製紙会社と直接契約を結ぶ代理店であり、出版物や印刷物に使われる「洋紙」については、代理店から仕入れて出版社などに販売する卸商という立ち位置だ。

家庭紙の場合は、中庄が製紙会社から仕入れ、ドラッグストアやスーパーに卸している。

一方、出版物に使われる洋紙の場合、中庄は、製紙会社と契約している代理店から仕入れ、出版社に販売する。販売した紙を印刷業務を請け負っている印刷会社へ納品する。

トイレットペーパーやティッシュペーパーから書籍、雑誌、包装紙に至るまで、私たちの生活は「紙」と切っても切り離せない。そんな紙を専門的に扱っている商社が、中庄という会社なのだ。

まずその歴史から紐解くと、初代・中村庄八が国元を出《しゅっ》奔《ぽん》したことに端を発する。

越後国蒲原群柏崎（現在の新潟県柏崎市）で小間物屋を営んでいた中村市之助には3人の息子がいた。この三男坊が庄八だ。

中庄の社屋。写真の裏側に「大正11年夏頃」と記載されている

市之助亡き後、後妻は我が子・庄八に後を継がせたいと考えた。しかし庄八は、母の考えが長男との間に禍根を残すと反発。黙って実家を出るに至った。21～22歳のころと推察される。

こうして国元を出た庄八は江戸に辿り着いた。道中で有り金はすでに使い果たしており、元手がなくては商売を始めることもできない。しばらくは周囲の親切な人たちに世話してもらった日雇い仕事で糊口をしのぎつつ、翌年（23歳のころ）、堀江町（現在の日本橋小舟町）で和紙や竹製品を扱う商家・伊場屋勘兵衛の奉公人となる。

ちなみに庄八を雇った伊場屋勘兵衛は、徳川家康の江戸幕府開府と同時に、浜松から江戸に進出した商人だ。伊場屋は家康の御用商人となるなど江戸で大きな成功を収め、実は現在も同じ日本橋小舟町、かつて商家があった場所からほど近いところで屋号「伊場仙」として江戸前扇子などを販売している。

さて、伊場屋に職を得た庄八は少しずつ貯えを増やし、約7年後の1783年（天明3）、馬喰《ばくろ》町で独立する。

当時の馬喰町は、物を仕入れに来る商人や、江戸見物やお伊勢参りに向かう観光客など、日本各地から集まった人々が休憩したり、宿泊したりする場所だった。

また馬喰町には、現代でいう地方裁判所のような「郡代屋敷《ぐんだいやしき》」があった。その周辺の宿は「旅人宿」「公事宿」などと呼ばれており、宿の主人は訴状作成や裁判の代理出席など、宿泊客の訴訟を補佐するという公的な役割も担っていた。

当時、馬喰町には紙屋五郎兵衛《ごろべえ》という紙商があり、江戸土産を求める人々や訴状に使う紙

「公事用紙」を求める宿の使用人で、常に大賑わいだったという。伊場屋で奉公すること約7年、自分で商いを始める元手を貯えた庄八は、この繁盛店を居抜きで買い受け、「紙屋庄八」の屋号で商いを始めた。これが現在に至る中庄の発祥である。

■たとえ嫡男があっても、後を継がせない

国元を出てから足掛け約8年、ようやく自分の店を持った庄八は、代替わりについて、ある家憲を定めていた。それは「たとえ嫡男があっても後を継がせない」、つまり実の長男には後を継がせず、他家から優秀な養子をとって後継ぎとするというものだ。

養子縁組自体は、当時の武家や商家では珍しいことではなかった。嫡男がない場合、あるいは嫡男が不出来だった場合に養子を迎えるわけだが、中庄の初代は「たとえ嫡男があっても後を継がせない」と明確に定めたのである。以降、6代目までは養子継承が続いた。

嫡男があれば、後継者候補の筆頭は、やはり嫡男になる。しかし万が一、事業を継いだ嫡男が商いに不得手だった場合に、一家は存続の危機にさらされる。商売が傾いてしまっては奉公人に対する責任も果たしきれない。そのリスクをあらかじめ除外するために、外から優秀な人材を迎え入れ、後継者に育て上げると最初から決めておいたのだ。

というわけで2代目は初代の実子ではない。2代目・庄八を襲名した人物は、もとは向島の農家の出身で、本所の材木問屋に奉公に出ていたところを初代に認められて中村家の婿養子となった。

2代目については、こんなエピソードが伝わっている。

あるとき実父が重い病にかかったとの知らせが入ったが、奉公先を取り仕切っていた人物が気難しく、暇乞いの許しが出なかった。仕方がないので、看病のために毎晩、約6キロの道のりを歩いて向島の実家に帰り、明け方に本所の奉公先に戻ることにした。

隅田川沿いを歩く道中、神社があるあたりに差し掛かると、土手に降りて川の水を浴び、父の快復を神に祈った。懸命な看病の甲斐あって、1週間もたたないうちに父の病気はすっかりよくなったという。

どこから聞き及んだものか、そんな親への孝行心と奉公先への忠義心に胸を打たれた初代が、ぜひ後継者に、と見込んだのだ。その目に狂いはなかった。聡明で商才があり、かつ情にも厚かった2代目は初代と協力し、商いの拡大に大いに貢献したという。

以降、中村家では代々、他家から迎えられた養子が「庄八」を襲名し、後を継いできた。

4代目庄八は、浅草新堀端永久町（現在の蔵前）に生まれ、11歳のときに横山町の糸問屋に奉公に出た。そして、14歳のときに髪結いの世話で紙屋庄八3代目主人に仕え、奉公しながら暇を惜しんでは勉強した逸材である。33歳のときに相続の話を承諾し36歳のときに4代目庄八を襲名した。

嫡男には後を継がせないという初代からの家訓が守られてきたなかで、この家訓や店のしきたりなどを文書としてまとめたのが、4代目庄八である。

4代目庄八は、奉公人が守るべき日常の心構えや商取引上の心得、勤務規則などを35か条にわたり制定した「御定目」1864年（文久4）、さらに、後世への家訓として主人が毎日守るべき心得を定めた「永代日用記録」1870年（明治3）、先祖の由来を記す「永代之亀鑑」1871年（明治4）を取りまとめた。中村家に代々大切に継承されてきた教えを可視化して後世に伝え、商売上の心得を明確に家訓として定めた功績は大きく、その後の店の存続もこの教えによるところが非常に大きいという。なお、この文書3冊は中央区の指定文化財にもなっている。

6代目に代替わりするころの中庄は厳しい財政難に陥っていた。

6代目は、5代目の娘と結婚して中村家に入った。しかし妻が早逝し、その後、元小田原藩の上級家臣だった加藤家の三女・花子と再婚。6代目と花子は共に家業の復興に邁進《まいしん》し、日露戦争前後の好景気も追い風となって何とか財政難から抜け出すことに成功した。その間、長男にも恵まれる。

ところが、ようやく商売が上向いてきたという矢先に6代目は病に倒れ、42歳の若さで亡くなってしまう。残された花子は女手1つで采配を振るいつつ、長男を7代目・庄八とすべく熱心に教育したのである。

花子の手腕がもっとも発揮されたのは、1923年（大正12）の関東大震災のときだ。

関東大震災は、多くの家で炊事中だった昼時に大きな揺れが起こったこともあり、方々で火事が起こった。そこで花子は、瞬時に貴重品を土蔵に運び入れ、従業員に金銭を与え、荷車に重要書類などを積んで全員で避難する指示を出す。

当時は大学生だった7代目・庄八も店の従業員も、みな無事だった。しかし店はすべて焼け落ち、無傷だったのは土蔵に運び入れた貴重品だけだったという。

そこから再建に向けて動き出すと、震災からわずか半月余りの9月下旬には仮ではありながらも営業所を開く。中庄があった地区では一番早い商いの再開となった。それを可能にしたのは、地方の得意先がこぞって支払いを早めてくれたことに加え、5代目の親戚が大きな農家を買い取って解体した木材を馬喰町に運び入れ、仮の建物を建ててくれたことだった。

創業以来、中庄では「信は万事の本と為す」の信条が守られてきた。周囲との信頼関係がすべてであるということだ。天災で店を失うという難事に際し、取引先がみな手を差し伸べてくれたあたりにも、平時からの信頼関係の強さが窺われる。

■「信は万事の本と為す」

6代目の妻・花子は夫を失いながらも、天災に見舞われた中庄で采配を振るった。中庄の歴史は、養子や嫁など外部から迎え入れた人間に支えられてきたものといえる。

さらに時代を下り、昭和になるともう一人、キーパーソンが登場する。7代目の中学校時代からの盟友、服部《はっとり》清である。

第二次世界大戦前夜から戦中にかけては、統制経済や従業員の徴兵、徴用により、中庄の商売はかつてないほど縮小した。終戦時に残っていたのは7代目と女子社員だけだった。もともと役人だった服部は終戦の2年後、統制経済が解かれるなかで、少しずつ平常運転に戻りつつあった中庄に入社する。

時代が昭和になってもなお、中庄は、創業以来の「和紙問屋」としての伝統を守っていた。しかし紙の市場では、すでに機械漉《す》きの洋紙が主流となっていた。書籍でも雑誌でも使われている紙は洋紙であり、今後は印刷業界や出版業界と取引しなくては商売が立ち行かなくなってしまう。戦争が終わったことで見込まれる印刷・出版文化の復活により、洋紙を作る製紙会社も作られる用紙の種類も、戦前と比べると格段に増加するのは自明の理だった。

そうした見立てのもと、洋紙の取り扱いをより積極的に推進したのが当時専務の服部だった。中庄の歴史と伝統に、いわば新時代の風を吹き込んだわけである。8代目庄八は、大学卒業後大手製紙メーカーに勤務し、その後中庄に入社。服部の教えをもとに変化の時代への柔軟な対応で洋紙に対する設備投資にも積極的に取り組み、物流倉庫の建設や本社ビルの建て替えを実施。また、計算機と称される時代のコンピューターにも着目し、業界内ではいち早く活用し始め、新たな基礎を築き上げた。洋紙の扱いを推進したことが中庄の大きなターニングポイントだったと、現在の9代目・中村真一社長は見ている。

ちなみに「庄八」襲名は、戸籍までのすべてを変えるので、先代が亡くならない限りは行えない。8代目・中村庄八は相談役として在席しているため、中村真一社長は「庄八」を未だ襲名していないのである。

さて、なぜ服部の推進によって始まった洋紙の扱いが、中庄のターニングポイントになったといえるのか。かつて和紙を扱っていた紙問屋の商材は次第にトイレットペーパーなどの家庭紙に移り変わっていったが、中庄は和紙から家庭紙への転換を図ると同時に、洋紙の販売を始めたことで、両方を扱う紙問屋へと成長したからだ。

市場規模が小さい地方では家庭紙と洋紙を扱う紙問屋は珍しくないが、現在、都内では希少な存在である。1940年代に、和紙問屋のなかでいち早く洋紙の販売を始めたことが、今の中庄につながっているのだ。

かつてちり紙と呼ばれていたものが家庭紙へと移り変わり、取り扱い品目も変化して、家庭紙への切り替えと洋紙販売の開始、さらには高度経済成長の波に乗り、中庄は急速に事業規模を拡大していく。まさに順風満帆というなかで、まるで青天の霹靂《へきれき》のようにして起こったのがオイルショックだ。

1973年（昭和48）に勃発した第四次中東戦争の影響で、原油価格が高騰したというのがオイルショックだが、なぜか日本では、原油価格と直接的には関係のない生活用品が品薄になるという噂が流れた。その1つが紙製品だ。「トイレットペーパーがなくなる」という噂が飛び交い、日本中でトイレットペーパーの買い占め騒動が起こった。

こうした瞬間的な需要爆発で困るのは供給側だ。いくら求められても品物がない。中庄も窮地に立たされるかと思いきや、実際には思ったほどではなかったという。従来の仕入れ先が優先的に中庄に品物を回してくれたからだ。

　こうした難事においては普段から懇意にし、信頼している取引先を優先するものだ。ここでも関東大震災のときと同様に、中庄の「信は万事の本と為す」が生きたのである。

　また、品薄のなかで仕入れた製品を卸す際にも、やはり中庄は利より信をとった。

　オイルショックのときには、通常より多く利益を上乗せして儲けた同業者も少なくなかった。しかし中庄では、仕入れ価格が上がったことによる値上げは多少あったものの、自社の利幅を増やすようなことはしなかった。中村社長はこう話す。

「品物がなくて困っている取引先や世間の人たちの立場に立って考えれば、当然の判断だったのでしょう。お互いに浮き沈みがあるなかで、関東大震災のときのように、当社から取引先に集金の前倒しをお願いするなど逆に助けてもらったこともあるようです。商売は持ちつ持たれつであり、当社はとにかく信用第一でやってきたことで、何とか潰れずに存続できているのだと思います」

　企業である以上、利益は追求しなくてはいけない。しかし商売を長く続けていくうえでは、実は実利よりも信義をとるほうが正しい場合も多いのだ。

■「ご縁」から生まれた新機軸

現在、紙業界を取り巻く状況は厳しい。

トイレットペーパーなどは生活必需品だが、印刷物は違う。景気が悪くなると企業は宣伝広告に金をかけられなくなる。雑誌や書籍の売上も減る。そうなると、ポスターやチラシ、カタログといった宣伝材料、雑誌、書籍など印刷物に使われる紙の需要が総じて落ちる。紙業界は景気の影響を受けやすいのだ。

現にバブル崩壊、リーマンショック、東日本大震災と、日本経済が落ち込むたび、紙業界も歩調を合わせるように低迷した。

コロナ禍も例外ではない。たとえば遊興施設が閉館となり、イベントの中止が相次いだことで、パンフレットやチラシの紙需要が激減した。そればかりか家庭紙にも影響がおよんだ。遊興施設にトイレットペーパーを納めていた同業他社は、コロナ禍によって、その分の売上が丸ごとなくなってしまったという。

中村社長が経営を引き継いだのは2008年(平成20)、折しもリーマンショックが起こった年だった。新社長として得意先へ挨拶回りをした際には、「おめでとう」ではなく

近年はフランチャイズ事業も展開。「銀座に志かわ」は、アルカリイオン水を使用した高級食パンとして人気を博す

「ご愁傷様」と言われたものだという。

「リーマンショックは100年に一度、東日本大震災は1000年に一度の災難といわれ、もう何も起こらないかと思っていたらコロナ禍が起こりました。大変ですが、もう難局は慣れっこです」と、どこか口調は明るい。

とはいえ、景気動向とは別に無視できない事情もある。近年、急速に進んでいるデジタル化、ペーパーレス化の影響だ。電子書籍の普及は、まだそれほど大きな波にはなっていないそうだが、商品カタログや取扱説明書などのデジタル化が進み、業界では「情報用紙」と呼ばれる帳票・伝票などのペーパーレス化が加速しているという。

現に紙の総生産量は直近10年で2割減であり、さらに減っていくだろうというのが大方の見方だ。各社生き残りをかけて模索しているのだろうが、中庄は、業界そのものが低迷している難局をどう乗り切っていこうとしているのか。

中村社長の代になってからの新しい試みは、まったくの他ジャンルへの進出だ。

２０１２年（平成24）には、同業者の紹介で紙以外の営業経験のために整水器の代理販売を始めた。

２０１９年には「銀座に志かわ」という高級食パン店のフランチャイズに加盟し、現在は、恵比寿店、自由が丘店、中目黒店の3店舗を運営。さらに２０２０年には、広尾にある人気フランス料理店の経営を引き継いだ。

いずれも紙とは直接的に関係のない世界だが、すべて取引先のツテで舞い込んだ話だという。下降傾向の紙業界にあって浮上する道を探る中、こうしたさまざまな引き合いがあるというのは、信用第一で事業を営んできた帰結の1つといえる。

一方、いわば中庄の原点回帰に位置づけられるプロジェクトも進行中だ。

すでに触れたように中庄の初代は紙製品の小売商だ。中村社長は、その点がずっと気にかかっていたという。そこで、自社で企画開発した紙製品やセレクトした紙製品を、その名も昔の屋号を復活させた「中村庄八商店」で販売するという小売事業を始動させたのだ（１９３５年［昭和10］に株式会社中村庄八商店を設立、１９６４年［昭和39］に社名を中庄株式会社に改称）。

小売商として出発した中庄は、時代の流れと共に問屋へと成長した。今また小売業を始めることで、中間業者としてだけでなく、直に消費者とつながるという自社のあり方を改めて構築しようという試みである。実は2017年（平成29）に2店舗の中村庄八商店が誕生したが、残念ながら収益性の点で難しく、3年ほどで2店舗とも閉店せざるをえなかった。しかし1回の失敗で諦めるつもりはない。もとより難事には慣れっこだ。このときの教訓をもとに、ふたたび開店に向けて動いているという。

中村庄八商店の設立に関わったある社員は、「問屋に小売業なんてできるのかと最初は不安だったが、一度やってみると、世の中にはこんなに紙製品が好きな人がいると実感できた。存続できるほどの収益は出せなかったが、手応えを感じた」と話す。

こうした原点回帰的な事業も含め、今の中庄の主眼は「紙の存在を再定義し、必要とされる存在価値を追究すること」にある。

そんな、紙の新しい可能性を模索できるような場作りをできないかと考え、ワクワクをかたちにするアート企画団体「アトリエヤマダ」と組み、「紙の遊園地プロジェクト」を開始。プロジェクトの第1弾として、あらゆる紙と地域端材、カラフルで楽しい道具を使って楽しむ、かたちを目指さない新しい図工室「chokipetasu —チョキペタスー—」を毎月中庄本社ビルで開催している。2021年11月には、さまざまなアーティストや企業と共に「紙の遊園地」というアートフェスを開催。「日本橋の地に新たな創造拠点となる発信地をつくる！」というテーマを掲げ、日本橋一帯を盛り上げるプロジェクトに育てていくことも中庄は目指している。

紙の需要が落ちているなかで「紙の価値」を飽くことなく追究し、世の中に提示していく。他ジャンルへの参入で企業としての生き残りを図りつつも、中庄の企業アイデンティティは、あくまでも創業時と同じ「紙屋」なのだ。

何があっても潰れない会社の極意

✓当主の嫡男には後を継がせず、他家から優秀な養子をとって事業継承した

✓「信は万事の本と為す」をモットーに事業展開を行い、信頼構築に努めた

✓整水器の代理販売、高級食パン店のフランチャイズなど、本業以外にも柔軟に挑戦した

第三章

本業を貫き、深化させる

「計量・計測」という企業DNA 絶対的正確性と安全性のトップランナー

株式会社タツノ（石油関連機器の製造）

■正確性こそ、信頼の根本

タツノは、ガソリン計量機をはじめとした石油関連機器の製造販売から修理・維持管理、ガソリンスタンドや産業用油槽所の設計・施工、さらには危険物施設の土壌環境保全事業などを手掛ける企業である。

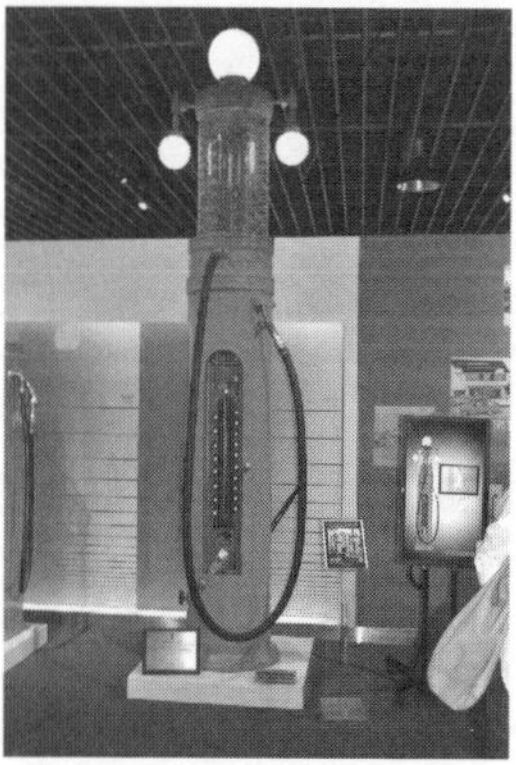
タツノが1922年（大正11）に発売した、巨大な手動式計量機

ガソリンなどの燃料は「量り売り」が基本だ。ガソリンスタンドの地下には巨大タンクが埋設されており、給油の際には地下タンクから計量機に内蔵したポンプで汲み上げる。しかし、給油量を量るメーター内のシリンダーなど金属部品が劣化すると、正確な給油ができなくなり、販売者は顧客の信頼を損なうことになる。

当然といえば当然だが、量り売りという業態において「正確に量れるかどうか」、および「正確に量る性能が長く続くかどうか」は死活問題なのだ。

ところで、先ほどから登場している「計量機」という言葉に違和感を抱いた人は多いかもしれない。

ガソリンスタンドで給油する機器は、たいてい「給油機」と呼ばれるが、それをタツノでは計量機と呼んでいる。なぜなら先に述べたとおり、給油においては計量の精度が何より重要だからだ。「正確に量れる計器を作ること」こそがタツノの企業アイデンティティの土台であり、また絶対的な自信を持っている点なのである。

現在、タツノのガソリン計量機の国内シェアは65％、2020年のセルフサービスステーションに限定すれば80％にも達しており、日本一の計量機メーカーであることは間違いない。世界シェアでは第3位を誇り、80以上の国と地域で使われている。

これほどの高シェアを獲得・維持してきた最大の理由は、計量機の精度および耐久性において「世界一」と讃えられてきた品質にあるのだ。

計量法では「±0・5％以内」の計量誤差が認められており、7年に1度の計量検定が義務付けられている。仮にガソリンスタンドが月に100キロリットルのガソリンを販売するとしたら、７年間に生じうる誤差は、法定誤差±０・５%で±42キロリットル、現在の相場（約１５０円／リットル）に換算すると±６３０万円にもなる。

一方、タツノのガソリン計量機の誤差は±０・２%ときわめて低い。同様に計算すると、７年間で生じうる誤差は±16・８キロリットル、価格にして±２５２万円、法定誤差の40%にまでに抑えられるのだ。このデータ１つだけでも、タツノのガソリン計量機の精度、耐久性の高さを物語って余りある。

戦後、日本の製造業が急速に発展するにつれて、「メイド・イン・ジャパン」は高品質の代名詞となった。よく引き合いに出されるのは「家電製品」や「自動車」だが、ここにもう１つ、「ガソリン計量機」という誇れるメイド・イン・ジャパンがあったことを知る人は、あまり多くはないのではないか。

タツノの歴史は、「正確に量れること」「その性能が長続きすること」という量り売りの基本を真面目に守り通すことで、顧客からの信頼を積み上げてきた歴史といえる。

その発祥は、１９１１年（明治44）、タツノの創業者である龍野右《う》忠《ちゅう》が、東京市芝区松本町（現在の港区芝）に創立した龍野製作所だ。龍野製作所はガスメーターおよび付属品の製造工場だったが、大正に入り、社会のモータリゼーションが一気に進む兆しが見えると、右忠はいち早く自動車の燃料、ガソリンの計量への転換を図った。

最初に着手したのは、ガソリン計量機をアメリカから輸入して販売する事業だった。その後、1919年（大正8）にはガソリン計量機の自社製造に成功。日本で最初の「国産ガソリン計量機」の誕生である。

ガスメーターからガソリン計量機へと軸足を移すことで「量るもの」は変わったとはいえ、タツノは創立当初から「計量」を生業としてきた。

「私たちは『量り屋』です」と言うのは、今回、取材に応じてくれた能登谷《のとや》彰常務取締役だ。このひと言に「ものを正確に量る仕事」という企業アイデンティティが現在も継承されていることが表れている。「量り屋」というルーツに対する敬意と矜持が、世界一といわれる品質につながっているようだ。

■関東大震災で実証された、絶対的安全性

さて、ガソリン計量機の製造販売を始めた龍野製作所にとって、最初の事件は1923年（大正12）の関東大震災だった。東京市内の約6割の家屋が罹災し、死者・行方不明者は推定10万人以上にもなる大惨事となったが、龍野製作所は図らずも名を挙げることになった。

これほどの甚大な被害を生んだ震災だったにもかかわらず、同社のガソリン計量機が設けられている給油施設は無傷だったことが「大震災及火災ニ當リ完全ニ貯蔵ノ目的ヲ達シタルコトヲ證明ス」（大震災および火災に当たり、完全に貯蔵の目的を達したことを証明する）として鉄道省に表彰されたのである。それ以来、ガソリン計量機の発注が爆発的に増えた。

現存する当時のチラシを見ると（以下、現代表記に変換）「火気に絶対安全なり」「ガスの発散絶無なり」「計量が迅速にして正確なり」「操縦平易機構堅牢にして外観優美なり」と、当時から精度と耐久性（安全性）を売りとしていたことが読み取れる。

次の転機は第二次世界大戦だ。敗戦直後、株式会社東京龍野製作所（1928年［昭和3］に社名変更）の社員は離散していたが、工場は焼けずに残っていた。そこへ進駐軍より米軍用の給油施設施工の要請が入り、戦後復興の中で一気に仕事が増えたという。

タツノのガソリン計量機の国内シェアは現在65％と本項の冒頭で述べたが、タツノ内での事業割合でいうと計量機を含めた製品では30％であり、50％以上を占めるのは、実は給油施設の施工だ。

自動車用のガソリンスタンドだけでなく、ヘリコプター用、飛行機用、鉄道用、船舶用の給油所、さらには物流会社や自動車工場、レジャー施設、ホテルなどの自家給油設備まで、ありとあらゆる給油施設の計画・設計から、着工、メンテナンスまで一手に引き受けている。

そして、この給油施設と関連しているのが、近年、力を入れている土壌環境保全だ。

ガソリンに含まれるベンゼンは、第一種特定有害物質として規定されている揮発性有機化合物の一種だ。ということは、ガソリンを地下貯蔵するに当たっては、タンクが劣化して燃料が漏れ、土壌を汚染するリスクが伴う。

ところがガソリンスタンドは現在、「土地の形質変更」について定めた第4条を除き、土壌汚染対策法の規制の範囲外にある。

そこでタツノは1979年（昭和54）に環境事業部の前身となる環境分析室を発足させ、業界トップクラスの分析能力を持つ自社ラボを神奈川県横浜市鶴見に設立。ガソリンスタンドに対する法規制が確立されていない中で、独自に燃料施設の土壌の調査・分析・診断・浄化修復のワンストップサービスを提供するようになった。

今では、土壌調査に定評のある「TATSUNO土壌環境パートナーズ」として、メーカーや不動産会社など、燃料施設以外の分野からも調査依頼を受けている。土壌環境関連の調査案件は年間700件、分析検体は5万件の実績を誇る。

一方、そもそも土壌汚染を極力起こさないようにするという取り組みもある。

かつては鉄製が基本素材だった地下タンクや配管に繊維強化プラスチック（FRP）を取り入れた。タンクはFRPと鋼板の3層構造とし、燃料漏れを察知する高性能センサーも取り付けてある。

FRPとは、軽量だが弾性のないプラスチックに、弾性の高いガラスなどの繊維を混ぜたもので、軽くて強く適度な柔軟性があると同時に、鉄と異なり錆びない特性を備えている。

製造業では「QCD（Quality＝品質、Cost＝費用、Delivery＝納期）」を重視すべきとされているが、タツノは、ここにもう1つ「環境」を加える。たとえ大きな災害があっても燃料が漏れづらい、つまり土壌汚染を起こしにくいタンクによって「環境負荷の低いガソリンスタンド」を実現しているのだ。

とはいえ、ひとたび災害が起これば、どんな不具合が起こるかわからない。ガソリンスタンドのメンテナンスもタツノの主要事業の1つだが、その真価がもっとも問われるのは災害時だ。

たとえば1995年（平成7）の阪神淡路大震災や2011（平成23）の東日本大震災の際には、現地拠点にいる社員や家族の安否確認と共にメンテナンス部隊が動き、ガソリンスタンドのチェック、保全に当たった。東日本大震災では全国から社員が被災地に入り、復旧作業をサポートしたという。

また、2019年に南房総に上陸し甚大な被害をもたらした台風では、多くのガソリンスタンドが長期にわたる停電や暴風による施設損壊で機能不全に陥っていたため、ガソリン計量機を動かすための発電機や、地下タンクから直接ガソリンを汲み上げるバッテリー式のガソリン計量機を急遽運び込み、罹災地域のエネルギーインフラの確保に尽力した。

人流と物流を支える燃料施設は、いうまでもなく現代社会の重要インフラの1つである。特に災害時には、各種インフラの復旧に加えて燃料施設の回復が、被災地の復興を左右する。そういう意味でも、タツノは、できるだけ早くガソリンスタンドを再開することを災害時の使命と位置づけているのだ。

こうした被災地支援や災害対策機器の開発を目的にした活動は、人命救助部隊を描いたイギリスのテレビ人形劇になぞらえて、社内では「サンダーバード・プロジェクト」と呼んでいるそうだ。いざというときの機動性もまた、顧客からの長年の信頼醸成に一役買い、現在の高シェアにつながっているのではないか、と能登谷常務は見ている。

■特許、実用新案、意匠の出願件数5000件以上

初代・龍野右忠が日本初のガソリン計量機を作ったことに始まり、タツノは常に新しいものの研究開発に力を注いできた。

たとえばガソリンPOSシステム（販売時点情報管理）だ。

昔のガソリンスタンドでは、客の自動車に給油したサービスマンが事務所のスタッフに給油量を伝える→事務所スタッフが伝票を作成する→サービスマンが事務所へ走り、伝票を受け取って客のもとへ戻り、支払いを受ける、という順序で給油業務が行われていた。

しかし口頭連絡ではミスが起こりやすい。事務所スタッフが聞き違えたり、サービスマンが伝え間違えたり、はたまた忙しすぎて給油量を忘れてしまうこともある。こうして多発する伝票の付け落ちで帳簿が合わなくなるというのは、ガソリンスタンド経営者にとって長年の悩みの種だった。

それを解消すべく、1970年（昭和45）にタツノが完成させたのが、計量機と連動して伝票を自動発行する業界初のガソリンPOS「パンチライターシステム」だ。これにより伝票記入の必要がなくなり、作業効率アップ、人件費削減というメリットがガソリンスタンド

にもたらされた。今では当たり前のことだが、当時は画期的だったのだ。

もう1つ一般人にもわかるものを挙げると、敷地が狭いガソリンスタンドでよく目にする「懸垂式ガソリン計量機」だ。天井から吊り下げるタイプのこの計量機は、タツノの特許製品である。消防法上、強く難色を示されたところを安全性などを解決し、実用化と特許獲得にこぎつけたのは2代目の龍野日吉だった。

その他、「セルフ給油所での精算システム」や「セルフ給油所での給油管理システム」「遠隔監視システム」、さらにはタンクローリーの油種情報を管理することでコンタミ事故（貯蔵している油種とは違うものを注入してしまう事故）を防止する「ハイテクローリーシステム」など、タツノの特許、実用新案、意匠の出願件数は5000件以上におよぶ。

■「日本に、世界に、まだ存在しないものを作りたい」

では、すでに揺るぎない業界内地位を確立しているタツノが現状に甘んじず、絶えず新しいものを追い求めているのはなぜなのか。

その理由として考えられるのが、創業以来、受け継がれている「新しいもの好き精神」と「失敗を許容する寛容性」の2点だ。

日本で最初のガソリン計量機を完成させた初代、世界で最初の懸垂式ガソリン計量機を完成させた2代目、そこに見られる「日本に、世界に、まだ存在しないものを作りたい」という精神が、今の社員にも浸透しているという。

また、企業の存続には環境順応性が欠かせない。

「100年、200年と続いている企業はどこも、すでに完成された技術をそのまま使って今に至っているわけではなく、そのときどきの環境に順応してきたはず」(能登谷常務)

創業から111年間、戦争や天災に加え、さまざまな社会環境の変化に対応してチャレンジを積み重ねてきた。タツノにとって「常に新しいことを探究する」というのは特別でも何でもない、当たり前のことだという。

膨大な特許を可能にした成功例の影には、失敗例も数多くあるそうだ。たとえば洗車機の開発を試みた際には、さまざまな不具合が発生し、開発自体を見直したという。

企業の存続を危機にさらすような致命的な失敗は避けねばならないが、基本的には失敗を糧としてさらに進化するというのがタツノの社風だ。だからこそ、多くの成功例も生まれ、今があるというわけだ。

このように新規事業に積極的と聞くと、さぞかし企画事業部は活気にあふれているだろうと想像されるが、タツノには特に企画立案を担当する部署はないという。では誰が新製品の企画を立てるのかというと、営業の社員たちだ。

タツノでは、「製品を売る部署」と「売れた後の現場管理をする部署」が分かれておらず、営業の社員が販売から現場管理まで一括して担っている。つまり、営業の社員は日常的にガソリンスタンドを回り、現場のニーズをもっとも察知しやすい位置にいる。彼らにとって、現場の声を吸い上げて新製品を考案するというのは、ごく自然なことなのである。

加えて、長い歴史のなかで築いてきた顧客との信頼関係により、営業の社員には幅広い情報が入ってくるというのも大きい。顧客から入手したレア情報が、新製品に反映されることもよくあるそうだ。

タツノには、祖父から父、父から子へと、何世代にもわたって取引してきた顧客も多い。世代を超えて信頼関係を築いてきた顧客は、もはや客というよりも、より良い製品を一緒に模索する「パートナー」と呼んだほうがしっくりくるという。

■「次世代サービスステーション」を目指して

ガソリン、ジェット燃料、灯油、軽油など石油製品の需要は年々減少傾向にある。

経済産業省の試算によると、2021～2025年の石油需要は年平均マイナス1・5%、5年間の合計でマイナス5・7%になる見込みだ。長年、石油製品を扱って栄えてきた企業も、今後、石油に加えさまざまな新エネルギーを取り扱うことで、これまで通り社会に貢献していかなければならない。

焦眉の急は新エネルギーへの取り組みだ。燃料の元売り企業も自動車メーカーも、こぞってガソリン一辺倒からの脱却を試みている。ガソリン計量機メーカーであるタツノも、そんな時代の変化と無縁ではいられないが、実はとっくに次の一手を打っていた。

世界初の「水検知センサー」を装備した計量機。燃料油に水が混入した場合、ポンプ内で水を検知し、給油を自動停止する

1996年（平成8）に開発に着手し、完成させた水素ディスペンサーは、現在、国内と北米で50%強のトップシェアを確保しているのだ。トヨタ自動車が、水素を燃料とするFCV（燃料電池車）の開発に本格的に取り組み始めたのは1992年（平成4）のこと。その動向を横目に見ながら、タツノも水素事業を発足させたことになる。

また、CNG（圧縮天然ガス）やLNG（液化天然ガス）の充塡機もすでに製品化されている。次は、いよいよ電気自動車（ＥＶ）事業への参画を検討しているようだ。新エネルギー時代の到来を睨み、積極的に投資を行う考えだ。

ただし、いくら新エネルギーが求められているからといっても、タツノは、ガソリン計量機がなくなるという未来は描いていない。タツノが見据えているのは、旧来のガソリンスタンドから発展した「次世代サービスステーション」だ。

根底にあるのは、ガソリンを旧エネルギーとして切り捨てるのではなく、使い勝手を進化させることで、新エネルギーと肩を並べられるようにするという発想だ。その一環として完成させたのが、ガソリン給油時に発生するベーパー（ガソリンが空気に触れてわずかに蒸発した気体）をガソリンとして再利用する「エコステージ」である。

ガソリンスタンドで給油時に特有の臭いがするのは、ベーパーとなり、大気中に飛散しているからだ。臭いが不快であるだけでなく、火気に触れれば爆発する危険物でもある。

タツノの「エコステージ」とは、ベーパーが大気中に飛散する前に給油ノズルから吸引、冷却して液体化し、給油ラインに戻すという機能を兼ね備えたガソリン計量機だ。ここまで読んで、そういえば最近のガソリンスタンドはガソリンの臭いがしないと気づいた人も多いだろう。

このようにガソリンという燃料の安全性と効率性を高める。そしてガソリン車だけでなく、車種に合わせて水素やCNG、LNGの充塡も、電気自動車の充電も可能な総合燃料充塡施設というのが、タツノのビジョンにある「次世代サービスステーション」なのである。

ガソリンスタンドの数は、ピーク時の1990年代半ばには約6万軒だったものが、現在では約3万軒と半減している。スタンドが減れば、当然、売れる計量機も減ってしまう。やはり今までと同じことをしていたのでは、スタンド施工への投資を呼び込めず、経営が苦しくなってしまうという危機感は強くなっているという。新しいことにチャレンジする気運は社内でいっそう高まっている。

すでに成功しているチャレンジの筆頭は、先に触れた水素ディスペンサーだ。業界最新鋭との自負がある。ただし、水素自動車が世界に普及するにはまだまだ時間がかかりそうだ。

水素社会が実現するのは、いつになるか。10年後か20年後か、それまでは「歯を食いしばって水素ビジネスに取り組む」と能登谷常務は話すが、タツノには「次世代サービスステーション」を燃料業界のスタンダートとしていくという確固たるビジョンがある。

約110年、「給油」にまつわる新しいものを数々、世に送り出してきたタツノのチャレンジが止まることはない。

何があっても潰れない会社の極意

✓「正確性」「性能の持続性」という量り売りの基本を守り通し、信頼を積み重ねた
✓受け継がれてきた技術を時代の要請に応じて改良し、常に新しいものづくりを実行した
✓顧客ニーズを熟知する営業が、現場の声を吸い上げて新商品を考案

塩を供給する「誰か」であり続ける
安全、安心、安定のものづくり

ナイカイ塩業株式会社（塩業）

■なぜ「塩といえば、瀬戸内海」なのか

塩田に海水をまくと、砂の表面についた海水の水分が蒸発し、表面に塩の結晶が残った砂になる。この砂を寄せ詰めて（砂寄せ。写真の風景）、その砂を海水で洗い流すことで濃い海水、「かん水」ができる

ナイカイ塩業の歴史は、1829年（文政12）、野崎武左衛門が、今の倉敷市児島に入浜《いりはま》式塩田を築造したことに始まる。JR瀬戸大橋線児島駅があるあたりだ。

武左衛門は、児島の元野崎浜塩田を完成させると、その12年後には、児島に近接する玉野市に東野崎浜塩田も築造した。さらに倉敷市福田のあたりを埋め立て、703ヘクタールもの広大な田畑用地を造成するという、今でいう土地ディベロッパーのような事業にも着手した。

こうした事業を行うには、まず元手となる金銭と、藩

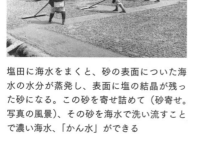

の認可が必要だった。そして地元の農家や漁業者の理解と協力も必須であり、塩田や田畑用地とするために土地を埋め立てることで、たとえば漁獲量に悪影響が出るのではないかといった漁業従事者の懸念、あるいは農地排水が悪くなるのではないかといった農業従事者の懸念を払拭する必要があったのだ。武左衛門は、その点で非常に交渉力に長け、人徳もあったのだろう。順調に事業を拡大することができた。

以来193年にわたり、野﨑家は「瀬戸内海の海水」という天然資源を原料とする塩製造業を営んできた。現在の社名であるナイカイ塩業となったのは1974年（昭和49）のことだ。

ところで、「塩業」とはいかなる業種で、どのような歴史を辿ってきたかを知る人は、あまり多くはないだろう。海水から塩を取り出す仕事、たしかにそうなのだが、その社会的立ち位置や歴史は奥深い。

海洋国家・日本の場合、塩の原料は海水だ。海水を汲み上げ、天日干しにすれば塩の結晶が得られるが、それには半年～1年間ほどかかる。最大の難点は降雨だ。

この難点を解消する製塩法の改良版は、江戸時代の前期に赤穂《あこう》で確立されたといわれる入浜式塩田であった。まず満潮時に水門を開き、塩田に流れ込ませた海水を1日程度、天日に当てる。こうして得た塩分濃度の高い海水「かん水」を、釜で煮詰めて塩を結晶化させるという2段構えの「入浜式製塩法」である。

1日程度なら晴天の日を選べるうえ、原料である海水を人力で汲み上げる労力も省けるという画期的な方法であった。

余談になるが、赤穂藩主・浅野内匠頭《あさのたくみのかみ》が、江戸城で高家旗本・吉良上野介《きらこうずけのすけ》に切りかかった「赤穂事件」は、この製塩法が発端だったという説がある。

吉良が領地としていた三河も、古くから塩の産地だった。赤穂で用いられている製塩法を浅野から聞き出そうとした吉良だったが、「我が藩の秘伝である」と突っぱねられた。それに腹を立てた吉良が、朝廷使者の接待役を仰せつかって江戸城に詰めていた浅野をいびり倒し、浅野が癇癪を起こして刃傷沙汰におよんだ——という説なのだが、真偽のほどは不明だ。

ともあれ、塩業は海水から塩を取り出す。仕事自体はシンプルとはいえ、塩は米に並ぶ貴重品だけに、幾度も藩や国の施策の対象となってきた。古くは江戸時代に各藩でとられていた「塩専売制」だ。藩の財源確保のために、塩を藩の専売品とする制度である。

武左衛門が事業を興した岡山藩でも一度は塩専売制となったが、児島の塩業者の猛烈な反対運動によって頓挫した。このとき、藩による塩専売制を撤廃し、専門問屋が塩の売買を担う「塩問屋制」へと改定する草案を作ったのは、武左衛門その人だった。

さらに時代を下り、1905年（明治38）には、日露戦争の戦費調達のために「塩専売法」が成立、塩は国の専売品となった。その後1919年（大正8）には「国民に塩を安定供給する」という公益目的のもと、塩専売法は続行された。

そのなかで、塩の価格の安定化や流通の効率化を図るために、小規模な塩田が廃止された。こうした大々的な塩業整理は1929年（昭和4）など4回にわたって行われ、結果的に、日本全体の製塩業の93・6％が瀬戸内海沿岸に集中することになった。

干満の差が大きく、なおかつ常に波が穏やかな瀬戸内海は、塩の製造にはうってつけだという。その地理的条件を最大限、生かすことで我が国の塩供給を安定、効率化させようという施策の結果、「塩といえば、瀬戸内海」となったわけである。

■縁の下の力持ちとして、塩産業の「上流」を支える

ちなみに塩専売法では、ある制約が設けられていた。「塩を製造する事業者は、塩を加工してはならない」「塩を加工する事業者は、塩を製造してはならない」というものだ。この制約のため、塩製造業者は「原材料となる塩の製造元」として塩加工業者に納品し、塩加工

かん水を「蒸発缶」で煮詰めると、水分が蒸発して塩ができる

業者が、調味料として使われる市販の塩製品類を製造するという役割分担が生まれた。

先述のとおり、ナイカイ塩業の始まりは塩製造業である。塩専売法により、塩の加工、販売はできない。1982年（昭和57）にはグループ会社・日本家庭用塩株式会社を立ち上げ、塩の加工、販売を行おうとした。ところが、良い製品はできても販売力が弱く、なかなか軌道に乗せられなかったという。

そこへ、もともとナイカイ塩業の塩の重要な得意先だった大手食品会社から日本家庭用塩に対し、ナイカイ塩業の塩を使った食塩のOEM（他社ブランド商品の製造）の話が持ち込まれた。

その大手食品会社とは「味の素」。OEM製品とは「瀬戸のほんじお」である。「伯方《はかた》の塩」「赤穂の天塩」と共に「塩の御三家」ともいうべきメジャー商品に育った。また、今では定番商品「アジシオ」など、すべての味の素ブランドの塩製品は日本家庭用塩が生産して納入している。

一方で、海水から「かん水」を得る方法も画期的な進化を遂げた。1972年（昭和47）あたりからは、天日に当てるのではなく、イオン膜で海水を濾《こ》し分けてかん水をつくるという「イオン交換膜製塩法」がスタンダードになっている。

1997年（平成9）には塩専売法が撤廃され、塩の製造、加工、販売は自由化された。しかしナイカイ塩業は、日本家庭用塩に塩を納め、日本家庭用塩が味の素製品や製剤原料となる塩化ナトリウム（局方塩）を製造する枠組みを引き継ぐことにしたという。惣菜やレトルト食品を製造している食品会社などに卸す業務用の塩、かん水を煮詰める際に生じる「にがり」などもナイカイ塩業の主力商品だ。

このように、ナイカイ塩業は、今なお自社では塩の加工、販売を手掛けず、あくまでも塩製造業者として食品や医薬会社に塩を納入する立場を保っている。

消費者が手にする製品には、原材料の製造元までは記載されない。塩という非常に身近な食品の製造元にもかかわらず、私たち一般消費者が「ナイカイ塩業」の名を目にする機会に乏しいのは、そのためだ。

ナイカイ塩業の売上高推移

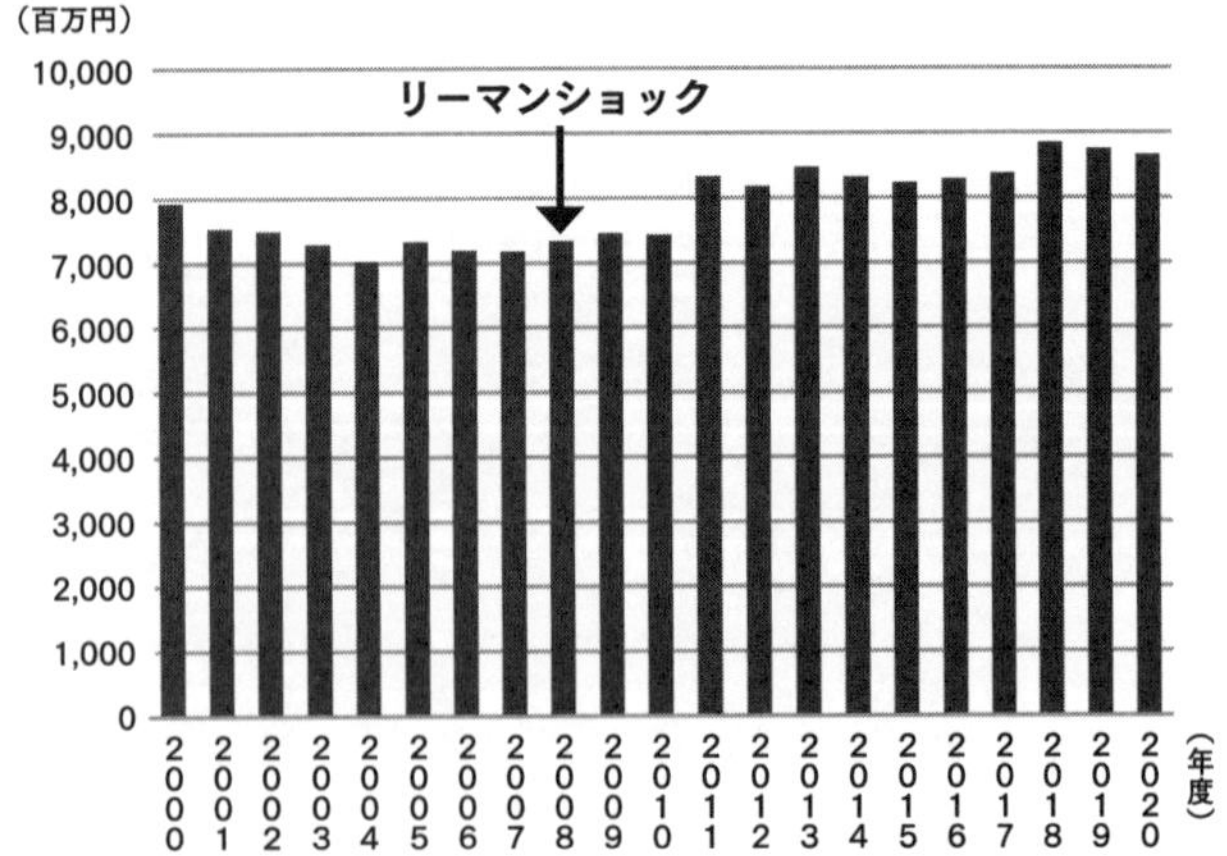

■人がいる限り、決してなくならない仕事

少子高齢化に伴う人口減少により、近年、塩の消費量は減少傾向にある。塩業界全体の塩の出荷量も、1992年（平成4）の140万トンをピークに減少傾向に転じ、現在では83万トンほどだという。

「マーケットは縮小しても、誰かが塩を供給し続けなくてはいけない。その『誰か』であり続けたい」と話すのは野崎家7代目の野崎泰彦社長だ。

塩は人体に必須のナトリウムの供給源であるため、塩業は「縮小はしても、決してなくならない仕事」なのだ。これは経済危機の影響なども受けづらいということでもある。現にナイカイ塩業の業績の推移を見ると、リーマンショックの時に売上高は減少しなかった（前ページ図参照）。

２０２０年に起きたコロナ禍では外食需要やインバウンド需要が減る一方で、中食・内食は増えているため、業績としては前年比で数％ダウンした程度だという。人は食べねば生きていけない。食べ物には塩が必ず使われる。外食と中食・内食の割合が少し逆転したところで、塩の需要に大きな変動は起こらなかったということだ。

それでも歴史を遡れば、野﨑家は2回、大きな危機に見舞われたことがある。

１つは明治維新だ。野﨑家では、「資産を塩田・田地・永納（金融資産）に分けること」「新しい事業を計画して利益を求めてはならない」との初代・武左衛門の遺訓が守られていた。このうち「永納」とは藩への金銭貸し付けである。ところが明治維新が起こり、廃藩置県で藩がなくなってしまった。

これは、銀行から金を借りていた企業が倒産し、債務不履行に陥るようなものだ。一部は新政府が肩代わりしたようだが、野﨑家は永納のほとんどを失うことになる。

そして2つ目の危機は、第二次世界大戦で日本が敗戦したときだ。ＧＨＱによる農地改革で、野﨑家が保有していた広大な田地は召し上げられてしまった。

このように、大きな社会変動によって3つのうち2つの資産を失ってしまった野﨑家だったが、主事業である塩業だけは続けることができた。以来、塩作り一筋、その延長線上に現在のナイカイ塩業がある。

代々続けてきた塩事業に加えて、近年では、海水中にあるマグネシウムイオンを「水酸化マグネシウム」として取り出し、製品化する化成品事業と、不動産事業を行っている。とりわけ野﨑社長が「『海水から有用物をつくる』という広義で塩業を捉えれば、『他に事業を興すな』という武左衛門の遺訓に反してはいないでしょう」と期待を寄せるのは、化成品事業だ。海水中にあるマグネシウムイオンを「水酸化マグネシウム」として取り出し、製品化するというものである。

水酸化マグネシウムは、それ自体が排煙脱硫剤や難燃剤として使える。水酸化マグネシウムを原料とする「塩化マグネシウム」は食品添加物や医薬品原料などに、「硫酸マグネシウム」は肥料などに用いられるというように、用途の幅が非常に広い。

化成品事業では年間6万トンほどの水酸化マグネシウムを生産、うち3万4000トンほどは水酸化マグネシウムとして出荷し、残りの2万6000トンほどを、その他マグネシウム製品の原料としている。売上高としては、すでに塩事業に並ぶほどの成長を遂げている主力事業だ。

■「安全、安心、安定」があってはじめて、トップランナーになれる

食品であり、かつ人体に欠かせない塩を供給する立場として、ナイカイ塩業がもっとも重んじているのは、「安全、安心、安定」だ。

「人様の口に入るものですから、いかに安全、安心なものを安定して供給できるかが何より大切です。そのためには塩を製造する工場のハード面、そして、工場で働く人間のソフト面、この両面をきちっと維持、向上し、お客様の信頼にお応えし続けること。正直、頭の痛いことも多いのですが、弱音など吐いてはいられません。全社一丸となって、塩を供給し続ける『国内塩生産者』であり続けよう、そのための努力を続けよう、と決意を新たにしています」

この野﨑社長の言葉は、最先端の工場設備や品質管理面に具現化されている。

「最新の工場設備と品質管理という点では、おそらく当社が先駆けなのではないか」と、製塩部長代理の石井健氏は胸を張る。

一例として挙げられたのは、錆への徹底した対応だ。塩は腐敗しないため、食品のなかでは非常に管理が楽だ。しかし、塩にはモノを腐食させてしまう性質があり、普通の鉄製の設備では腐食して塩に錆が混入することになる。

そこでナイカイ塩業では、製造から保管まで金属を使うところには、錆びにくいチタンや高級ステンレス鋼などを長年の経験に基づいて導入している。

塩が自由化された当時、日本国内の大規模製塩業を営む企業は7社7工場だったが、今では4社5工場。どこも「海水から塩などの有用物を取り出す」という基本は同じと考えると、はたして塩業における同業他社間の差別化のポイントとは、いかなるものだろうか。

たとえば、ある塩の産地で大きな災害が起こったら、その産地からの塩の供給は止まってしまう。だから、特に大手の食品会社などは、塩を安定して仕入れるために複数の塩製造業者と取引しているはずだ。

そのなかで、ナイカイ塩業はトップランナーとして生き残ってきた。

「当たり前ですが、お取引先様が複数の塩生産業者を競わせることもよくあります。しかしお客様からの信頼がなくては、そもそも競争に加えてもらうことすら叶いません。とにかくレースに出続けられるよう、『安全、安心、安定』を守って日々、精進するだけです」

193年の歴史をもつナイカイ塩業は、今後も塩を提供する「誰か」であるべく、信頼の基礎をなす「安全、安心、安定」を旨として歩み続ける。

何があっても潰れない会社の極意

- ✓製塩の過程で得られる「水酸化マグネシウム」を製品化し、製塩以外の事業も並行
- ✓国内塩生産者の先駆けとして、最新の工場設備と品質管理を徹底して実践した
- ✓高い顧客満足度を維持すべく、「安全、安心、安定」を旨としてきた

地域住民に愛され続けて200年「百貨店の価値」を次世代へつなぐ

株式会社藤崎（百貨店）

■近江から仙台へ、新天地で商いの礎を築いた藤崎家

仙台市青葉区にある、藤崎百貨店本店

藤崎は宮城県仙台市に本店を置く他、東北地方に地域店舗を展開する百貨店である。本店周囲には三越、さくら野百貨店（2017年［平成29］に閉店）といったライバル店もある中、地域密着型の百貨店として地元住民に愛されてきた。

藤崎のルーツは近江商人である。1800年代初頭、現在の仙台市大町1丁目に当たる場所に「得可主屋《えび(べ)すや》」という古着商があった。主は藤崎治右衛門《じえもん》といい、藤崎家が同地で商売を始めてから、すでに3代目当主となっていた。この3代目以前にはいったい何があったのか。

1601年（慶長6）、徳川家康の許しを得た伊達政宗が仙台藩を開藩する。政宗は奥州街道の幅を広くするなどして城下町を整備し、伊達氏ゆかりの町人や、伊達氏以前の国分氏ゆかりの町人を優遇して商いを行わせた。

ところが、こうした特権は城下町の発展と共に廃れていき、自由な商取引が可能になるにつれて新興勢力の商人が仙台城下に進出してきた。これは1707年（宝永4）、1708年（宝永5）の2年間で続けて起こった大火の影響でもある。開藩以来、順調に発展してきた城下町の商業は、この大火を境に一気に停滞してしまった。新興勢力は、そこに逆張り的な商機を見出して移り住んだのだ。

その代表格が近江商人だった。主に行商で栄えた近江商人が仙台にまで足を伸ばしたのは、近江の一部（蒲生《がもう》郡・野洲郡）が仙台藩の飛び地（遠隔地にある領地）だったことも関係しているのだろう。

城下町の再興を願う藩は、近江商人の流入を歓迎した。このころに近江・蒲生日野から仙台に渡った近江商人の1つが藤崎家だったと見て間違いないようだ。

藤崎家の祖先は故郷から遠く離れた仙台に商いの礎を築いた。「えびすや」という屋号からもわかるように、商標には商売の神・恵比寿様が用いられている。新天地での商売繁盛、家の発展を願ってのものだろう。

さて時は下って、得可主屋の3代目・治右衛門には祐助という男の子がいた。五男坊である。1819年（文政2）、藤崎家から分家した祐助は、大町2丁目で太物《ふともの》（木綿の着物）商を始め、名を「三郎助《さぶろうすけ》」と改めたうえで「得可壽屋《えびすや》三郎助」を名乗るようになった。この初代・三郎助の商売が、藤崎百貨店の始まりである。

初代・三郎助は、家業の拡大に邁進した。当時、仙台城下には古着、太物、呉服、小間物、操綿（精製していない綿）、薬種（漢方薬の原料）の商店が立ち並んでいた。これら6種の商材の仕入れ先はもっぱら上方であり、「六仲間」とも呼ばれる株仲間（商工業者が藩の許可のもと結成した同業組合）が仕入れの権利を持っていた。

得可壽屋三郎助は、創業2年目にしてこの株仲間に加わり、商材を太物から呉服へと拡大させた。株仲間加盟に際して初代・三郎助が入れた呉服株仲間証文（誓約書）「一札之事」には、当時、仙台随一といわれた近江出身の大商人・日野屋の親戚筋が保証人として名を連ねている。創業以来、三郎助が着々と周囲の信頼を積み重ねていたことが窺われる。

株仲間加盟を皮切りに初代・三郎助が興した得可主（壽）屋（初代・三郎助は太物を扱う場合は「壽」、呉服・絹織物などの高級品を扱う場合には「主」を用いていたとされることから、藤崎百貨店の社史にはこのように表記されている）は、豪商へと成長を遂げていく。幕末の動乱期には、奥羽越列藩同盟の一員として仙台藩が新政府軍と睨み合うなど、殺伐とした空気に包まれることもあったが、そんななかでも藤崎家は世間の信頼を高めつつ、堅実に事業を発展させていった。

■強い信頼で結ばれた「当主 - 番頭」の指揮系統

時代は明治に移る。次に着目すべきは、藤崎家の「中興の祖」とされる4代目・三郎助だ。士農工商の廃止、商法大意の告示など社会システムが大きく変わる中、かつて得可主（壽）屋が属していた株仲間は１８８８年（明治21）、商業組合法に基づき「仙台呉服太物商組合」へと再編された。４代目・三郎助は、その初代代表となる。１８７９年（明治12）に弱冠12歳で家業を継いでから9年目のことだった。

この若き当主は、大番頭・菱沼《ひしぬま》清蔵の意見もよく聞きつつ、新たな繁華街に支店を開くなど、家業のさらなる発展に努めた。

4代目は開明的なアイデアマンでもあった。たとえば、天井に針金を這わせてザルを吊り下げ、客と金銭のやり取りをするという支払い方法は、地元住民の間で大きな話題となり、その光景を見たいがためにわざわざ訪れる客もいたほどだったという。

また、当時の商店というと、訪れた客の要望に応じて店の奥から商品を取り出してきて見せる「座売り」が通常だった。畳が敷き詰められた店内で、反物を広げつつ商人と客が商談にいそしむという、時代劇などでもお馴染みの光景だ。商品に値はつけられておらず、いってみれば「客の顔を見て値段をつける」というのが当たり前だったようだ。

江戸時代からは、大手の松坂屋や三越で「現銀掛値なし」と呼ばれる定価販売が始まり、4代目も地元・仙台では先んじて同手法に切り替えた。また、商品を店の奥から取り出してくるのではなく店頭に陳列するという販売スタイルも、おそらく仙台では4代目が初めて取り入れたものとされる。

さらには1887年（明治20）に東北本線が仙台まで開通した折、4代目は現在の立地に仙台駅を建設するために550円を寄付。当初は榴岡付近に仙台駅が建設される予定だったが「地域の発展のためには市街地に駅があったほうがいい」との声を強く支援した。550円という額は、この活動に集まった寄付金のなかで2番目に多かったという。

ところで幼少期の4代目には、アメリカ人の家庭教師がついていた。そこで国際感覚が培われたものなのか、後年、4代目はブラジルに渡り、「藤崎商会」を興す。まだブラジルには日本領事館などなかった当時、その代替機関のような役割も藤崎商会が果たしていたという。

周知のとおり、ブラジルは世界でも有数の日本人移住地である。ブラジル政府は1892年（明治25）に日本人移民の受け入れを表明したが、実際に大勢の日本人がブラジルに渡るようになるのは、1895年（明治28）の日伯修好通商航海条約締結、1897年（明治30）の日本公使館設立のさらに後、1908年（明治41）以降のことだ。

明治の開明期に次々と新たな手法を取り入れて家業を発展させた4代目は、日本領事館すらなかったころのブラジルで起業したり、満州で鉱石採掘業、台湾で製塩・製砂糖業を展開するなど別業種にも進出したりするほどバイタリティにあふれていた。

もちろん本業の発展には、先述の大番頭・菱沼のひとかたならぬ尽力も欠かせなかった。4代目の不在中にも得可主（壽）屋の看板を守り、従業員をまとめあげた。長きにわたり藤崎家に仕えてきた菱沼家は、現在の7代目・藤崎三郎助社長の父に当たる6代目・三郎助のころまでは大番頭を務めていたという。

時代は昭和に入り、「得可主（壽）屋」は創業家の名を配した「藤崎呉服店」に改名、さらに1930年（昭和5）には株式会社藤崎となる。

5代目は、仙台に進出する三越への対抗策として、豪勢な新館を設立したり、社員総出で市内のほぼ全世帯を営業して回る「ドアコール」を敢行したりと、やはり精力的に家業の維持、拡大に努めた。

戦後になると、1945年（昭和20）7月10日の大空襲で一面焼け野原となった仙台で商売を再開し、「標準店」の認定を受ける。標準店とは、闇市が乱立し、まがい物も多く売買されていた状況下で信頼に足る商店に与えられていた認定である。

こうして戦後復興に向けて再出発した藤崎百貨店は、厳しい経済状況下で、良い品を安く仕入れて市場価格以下の値で売り、地元住民の生活を支えた。

それにしても、物が圧倒的に不足していた当時、仕入れはもちろん品質まで維持できたのはなぜか。「昔から真面目に商売をしてきたことで、流通業者などとの間に自ずと築かれた信頼関係が大きかったのではないか」と藤崎社長は推測する。

ただし、5代目が住居を構えていたのは東京・四谷だという。4代目、5代目と、当主が下す経営上の大きな指示を受け、仙台で実際に指揮をとっていたのは菱沼家だった。戦後、他に比べれば潤沢に良い商品を回してくれた流通業者などとの信頼関係においても、菱沼家の貢献度は高かったようだ。

老舗企業には、しばしば経営者を陰になり日向になり支えるナンバー2や参謀役が存在する。中には代々、創業者一族に仕えているというケースも少なくない。現在の藤崎には菱沼家出身の従業員はいないそうだが、藤崎家に対する菱沼家の貢献は、強い信頼関係で結ばれた当主－番頭という指揮系統が奏功していた好例といえる。

■「良い品を売ること」で東日本大震災の心の傷を癒す

7代目となる藤崎社長が経営を受け継いだのは、1989年のことである。日本経済が空前の好景気に沸いていたころだ。藤崎百貨店の業績も1991年（平成3）には過去最高に達し、売上高は567億円、営業利益は13億4000万円にも上った。

しかし藤崎社長は、こうした好景気が長く続くとは見ていなかった。好決算の後に藤崎社長は赤字部門の整理に着手し、12社あった系列会社のうち8社を清算した。また、不動産購入など、バブル期には盛んに行われていた財テクの類にもいっさい手を出さず、本業に専念した。

その結果、バブル崩壊で日本経済全体が落ち込んでも、藤崎百貨店は大きな傷を負わずに済んだ。

当人は「結果論であり、先見の明があったわけではない。自分は攻めるより守るほうが好きなので、守りの判断をしただけだ」と話すが、ともあれ、バブル崩壊前の藤崎社長の経営判断がなければ、深刻な経営危機に陥っていただろう。

そして東北といえば、やはり見過ごせないのは2011年（平成23）の東日本大震災だ。

海から11キロほど離れている仙台市の被害は、大津波に襲われた沿岸部より小さかった。阪神淡路大震災で起こったような、大きな建物や高速道路の倒壊も見られなかった。とはいえ、この地震で東北地方の流通は一時ほぼ麻痺してしまった。

東日本大震災でインフラがほぼストップしている中、藤崎は震災の翌日から営業を再開し、本館前の路上でインスタント麺やジュース、果物などを販売

「当時、うちの近くにダイエー（現・イオン）さんがあったのですが、地震当日から1週間後には、トラックが不足しているからといって大型バスで人員と商品を運んでいました。緊急事態に際してのこの機動力、やはり大手は違うなと思いました」

藤崎社長はこう振り返るが、当の藤崎百貨店も、翌12日にはガスも電気も水道も止まっている中、本館前の路上でインスタント麺やジュース、果物などを販売した。

第一義的には「地元百貨店」としての責任と役割を果たすための行動だった。その後、インフラ復旧と共に徐々に営業再開の範囲を広げ、途中、大きな余震による停電に見舞われながらも4月22日には全館の再オープンにこぎつけた。

藤崎百貨店の地元貢献は、その後も続く。沿岸部のＪＲ線の不通が続いたため、２０１１年7月になっても、気仙沼や福島県南相馬市の人々はなかなか仙台市まで買い物に出られないままだった。そこで藤崎百貨店では、これらの地域から本店へのバスツアーを開催する。

ところで、震災直後に必要になるのは食料と水だが、藤崎社長によると、その後、生活必需品と入れ代わるようにしてよく売れたものがある。それは意外にも海外の有名ブランドなどの高級品だという。

水や食料があれば生命を維持することはできる。しかし精神の健康は、水や食料だけでは賄えない。すんでのところで死を免れた人々のなかで、「今までは我慢してきたけど、使えるお金があるなら少し使っていいものを買おう」「自分を励ましたい」といった心理が働いたのではないかと藤崎社長は見ている。

そういう意味でも、仙台本店へのバスツアーは喜ばれたに違いない。それ以降も、仮設住宅に住む常連客から「藤崎さん、何かいい時計があったら買いたいんだけど……」といった問い合わせがしばしば入るようになったそうだ。

かくも地域住民に愛されてきた「地元百貨店」として、藤崎百貨店は震災で傷ついた人々の心を、「売ること」で癒すという役割を新たに担ったということなのだろう。

翻って世の中の趨勢を見れば、ファストファッションの台頭にEC（電子商取引）の普及と、小売業のなかでも百貨店の旗色はみるみる悪くなっている。藤崎百貨店は、今後、いかに「地元百貨店」としての存在を示していくのか。

2020年からのコロナ禍の影響で、大都市部の百貨店の2020年度売上高は前年比71・9％（10大都市の既存店）、具体的に見ると札幌は前年比67％、大阪は前年比68・4％、東京は前年比70・9％である。

これらの都市で落ち込みが大きくなったのは、一時休業を余儀なくされた以上に、2020年はインバウンド需要がほぼゼロになったからだ。

藤崎百貨店に占めるインバウンド需要は、これらの都市に比べると格段に低い。実際、2020年度の売上高は低下したが、前年比85％と落ち込み具合は比較的浅い。その理由もまた、あくまでも「地元百貨店」であるという藤崎百貨店の立ち位置に求められるのだ。

それでもコロナ禍で売上高が落ちたことは事実であり、百貨店業界が依然として厳しい状況に置かれていることにも変わりはない。この先の生き残りについて、藤崎百貨店は次のような3つの切り口から考えている。

どうしたら「藤崎だから買う」という高齢層の常連客に、より訴求していけるか。どうしたら若年層に百貨店の価値をアピールし、実際に足を運んでもらえるか。そして、いかに仙台のみならず東北全体を商圏と捉えたサテライト展開を行うか（現在藤崎は東北地区に18店舗を擁し、さらなる拡大も検討している）。そのためには「一人ひとりがいかにお客様を大事にできるか」という、今までも地道にやってきたことを、これからも地道に続ける。これに尽きるのではないかという。

「私の感覚では社員もお客さんです。その意味するところは、社員が自分のところで売っている商品を買いたいと思えるようでなくては、どうにもならないということ。若い社員には、ぜひそういう視点を持って、お客様目線で藤崎を良くしていく方法を考えてほしい。そのように常日ごろ伝えています」（藤崎社長）

高齢者が大半を占める既存の常連客は、いつまでもいるわけではない。今日的なニーズを掘り起こすには、今日的な百貨店のあり方を探り、確立していくしかない。藤崎百貨店を、ファストファッションでもECサイトでも得られない満足を得られる場所、「行く価値のある地元の小売店」たらしめられるかどうかは、次世代社員たちに託されている。

何があっても潰れない会社の極意

- ✓戦後の厳しい経済状況下、安く仕入れて市場価格以下の値で販売。地元民の信頼を得た
- ✓「地元百貨店」としての責任を果たすべく、東日本大震災の翌日から営業を再開。良い品を売ることで人々の心の傷を癒した
- ✓業績がよくてもおごることなく、系列会社のリストラに取り組み、財テクには手を出さなかった

社員の自主性を何より重んじる風土
圧倒的競争力の源泉「課別独立採算制」

瀧定名古屋株式会社（繊維専門商社）

林に囲まれた、瀧定名古屋本社ビル

■「自分が瀧定の未来を作っていく」

瀧定名古屋株式会社（以下、瀧定名古屋）の歴史は1864年、呉服商の絹屋（現・タキヒヨー株式会社）から分家した初代・瀧定助が、名古屋で絹屋定助ののれんを継承して呉服太物卸商を営んだことに始まる。太物とは、「絹より太い」という意味合いから主に綿・麻織物を指す。

風雲急を告げる江戸末期から明治へ、新時代の到来と共に日本の繊維業が急速に発展していたころのことだ。当時の名古屋は、周辺の岐阜や滋賀と並んで紡績業が盛んだった。そのなかで初代・定助は、もともとの本業であった呉服太物卸業に加え

繊維専門商社として、アパレル業界関係者向けに展示会も主催している

て金融業、不動産投資業という3本柱で資産を運用し、以降150年以上にもおよぶ瀧定の歴史の礎を築いた。

そして本業の呉服太物卸業も、その後の歴史と社会の変遷に応じ、絹や綿、麻にとどまらない幅広い繊維製品の企画開発から仕入れ、生産、販売を一貫して手掛ける一大「繊維専門商社」へと変貌を遂げていく。

今、瀧定名古屋を率いているのは初代から数えて10代目となる瀧健太郎社長だ。大学卒業後、大手化学メーカーを経て1999年（平成11）に瀧定（大阪店）へ入社、その2年後に瀧定（名古屋店）に移り、取締役を経て2018年（平成30）に瀧定名古屋の社長に就任した（瀧定株式会社は、2001［平成13］年8月瀧定名古屋と瀧定大阪に会社分割）。

現社長に至る瀧家の経緯には少々説明を要する。2代目の正太郎は、名古屋銀行専務に就任するなどもっぱら財界での活動に力を入れており、その間、本業の瀧定を支えたのは弟の広三郎だった。正太郎には子がなかったため、3代目から7代目の社長は広三郎の子や孫が入れ替わり立ち替わり務めることとなった。健太郎は広三郎の曾孫に当たる。

兄に代わって本業を切り盛りしていた広三郎が、つねづね口にしていたのが「本業軽んずべからず」という言葉だったそうだ。

時代は昭和初期、1929年（昭和4）の米国株式市場の大暴落を発端とする大恐慌に世界中の国々が飲み込まれていたころのことである。日本経済も例外ではなく、大幅な輸出減の煽りで経営難に陥った瀧定は人員整理や海外支店廃止などの難しい判断を迫られた。「本業軽んずべからず」とは、そうした非常に厳しい経営環境のなかで生まれ、苦難の時代を乗り越えるよすがとなった言葉だった。

健太郎は瀧定（大阪店）勤務時代に、当時、瀧定名誉会長だった大伯父・隆朗から、この広三郎の言葉を伝え聞いたという。世相が次々と移り変わる現代においても決して色褪せない貴重な教えである。また、外部からは実態がつかみにくかった「繊維の専門商社」という業種についても、瀧定（大阪店）時代に隆朗から薫陶を受けたことが大きいそうだ。

さて、瀧定（大阪店）から瀧定（名古屋店）に移り、取締役となった健太郎は、2018年のある日、当時の社長であり現会長の昌之から「そろそろお前が社長になってはどうか」と告げられた。その言葉をどのような心境で受け止めたのか。

「そう言われた瞬間、自分の背後が崖になっているような感覚といったらいいのか、今までずっと後ろにあったものがパッと消えてしまった気がしました。これからは自分が未来を作っていかなくてはいけないんだ、と」

今までは存在していた後ろ盾がなくなり、すべて自分の責任において瀧定名古屋の道を切り開いていく。そんな覚悟が決まった瞬間だった。これは、昌之の事業継承の仕方が健太郎に覚悟を決めさせた、と見てもいいようだ。というのも、社長を退いた昌之は「代表権なしの会長」となると決め、すべての権限を健太郎に移譲したからである。

そのころの幹部社員はみな、16年間にわたり社長を務めてきた昌之が育て、苦楽を共にしてきた人材だ。昌之に権限が残っていれば、どうしても彼らの意識は昌之に向いてしまう。その可能性の芽をあらかじめ摘むべく、昌之は権限のすべてを健太郎に移譲した。

「何事も徹底する性質」と健太郎が言い表す昌之が見せた潔い引き際に、業界内では「重病による引退説」が流れたほどだったという。こうした事業継承のかたちに、健太郎はありがたみと恐れを同等に感じながら、経営者としてスタートすることとなった。

■同調圧力に負けない判断力

150年以上もの歴史を持つ瀧定名古屋もまた、当然、日本の歴史と共にあった。日清戦争、日露戦争、第一次世界大戦と、近代国家・日本の発展と戦争特需の流れに乗る勢いで急成長した時期もある一方、厳しい経営難に陥ってもおかしくなかった歴史的局面もあるはずだ。いくつもの歴史のうねりを乗り越えてきた秘密はどこにあるのか。

その要因の1つに「同調圧力に負けない判断力」がある。

「周りがみんなそうしているから当社もそうする」ではなく、「周りがみんなそうしているが、当社はそうしない」という逆張りの経営判断で切り抜けた難事がある。

第一次オイルショック前夜、日本列島改造論の影響から物価の高騰、過剰流動性の発生に伴う仮需要の過剰拡大、株価の暴騰が起きるなかで、同業他社は「積極的に仕入れて積極的に売る」という状況であった。「こんなことがいつまでも続くはずがない、必ず反動がくる」当時の社長・隆朗から「仕入れを控え、売約・買約の修正を行うように」という大号令が下ったという。そこへ1973年（昭和48）、中東の産油国が原油価格を70％も引き上げた影響で、のちに「狂乱物価」と呼ばれるインフレが発生する。

翌1974年（昭和49）には日本の消費者物価指数が23％も跳ね上がり、インフレ抑え込みの金融引き締め、株価暴落、大不況に陥った。それまで積極的に仕入れていた同業他社は、膨大な在庫をさばけずに苦しむことになった。もとより仕入れを控えていた瀧定は、ここで積極的な仕入れに転じ、同業他社を一歩も二歩もリードできたという。

問屋業という業種には「需給の調整」という側面がある。ある程度の在庫を抱えておいて、計画的に供給していく。仕入れも供給も急激に行うと決算時の損益が極端になってしまうため、どれくらい仕入れ、どれくらい供給するかという年間計画をしっかりと立てなければならない。その点で、オイルショック前後の瀧定の判断は的確だったといえる。

「大きな変化に備えておいたことで、業界的に一番厳しい時期にベストなスタートを切ることができた。大きな潮目のところで先手を打っておき、変化が起こったときにはどこよりも早く対処することに長けていたと思います」

瀧社長は、当時の社長・隆朗をこのように評する。

■コロナ禍で生かされたリーマンショックの「財産」

大きな変化が起こってから策を練るのでは遅すぎる。先々に起こりうる変化をいかに予見し、もっとも筋の良い備えをしておくか。それが切実なかたちで試されたのが、2020年からの新型コロナウイルスによる経済的打撃だ。

その前に、2008年（平成20）のリーマンショックに触れておかねばならない。このとき、瀧定名古屋の業績は売上高にして2割以上減、損益分岐点ギリギリのところにまで落ち込んだ。

利益を出せなければ、当然、企業として立ち行かなくなってしまう。そこで改めて積極的に利益を追求できるよう、全社を挙げて主に取り組んだのが、各事業部の筋肉体質強化および、中国をはじめとした海外戦略だった。この2点に力を注いだことが奏功し、2年後の売上高はリーマンショック前を超える。

こうして、リーマンショックは長い瀧定名古屋の歴史のなかでも大きな転換期のきっかけとなったわけだが、その「財産」がコロナ禍の下でも生きているという。

新型コロナウイルスが世界的流行へと発展しつつあった当初、瀧定名古屋では海外からの仕入れが一時的に止まることを見越していた。そこであらかじめ厚めに在庫を確保したが、実際には市場そのものがグローバル規模で止まってしまった。

つまり「在庫はあるが売れない」という状況だ。この想定外の事態からいかに抜け出すかが懸案となるなか、ある前向きな発見があったという。

それは、上海やアムステルダムなどの海外拠点が自立的に動けるようになったことだ。従来は日本の本社から各海外拠点に出張して物事を決めたり指示を出したりしていた。ところが、世界各地のロックダウンにより「人」の移動が制限されたため、海外拠点の権限を拡大し、現地社員の判断で事業を進められるようにした。

結果的に、本社の出張費は3分の1程度に圧縮された一方、海外拠点と本社、海外拠点と海外拠点の密な連携体制が築かれたという。もちろんすべてオンラインで行われる。

パンデミックという未曾有の危機に際し、「自らの判断で成果を出せる自立的な海外事業部」という可能性が見出された。リーマンショック後に力を注いだ海外戦略の強化が、また新たな実を結ぼうとしているというわけだ。

瀧定名古屋は、自身の強みとしてこうした自立的な海外事業部の機能を、改めて育てていく方針であるという。

■課長が一国一城の主となる「課別独立採算制」

本来であれば、本社の出先機関であるはずの海外事業部に権限を与えたというのは、もと

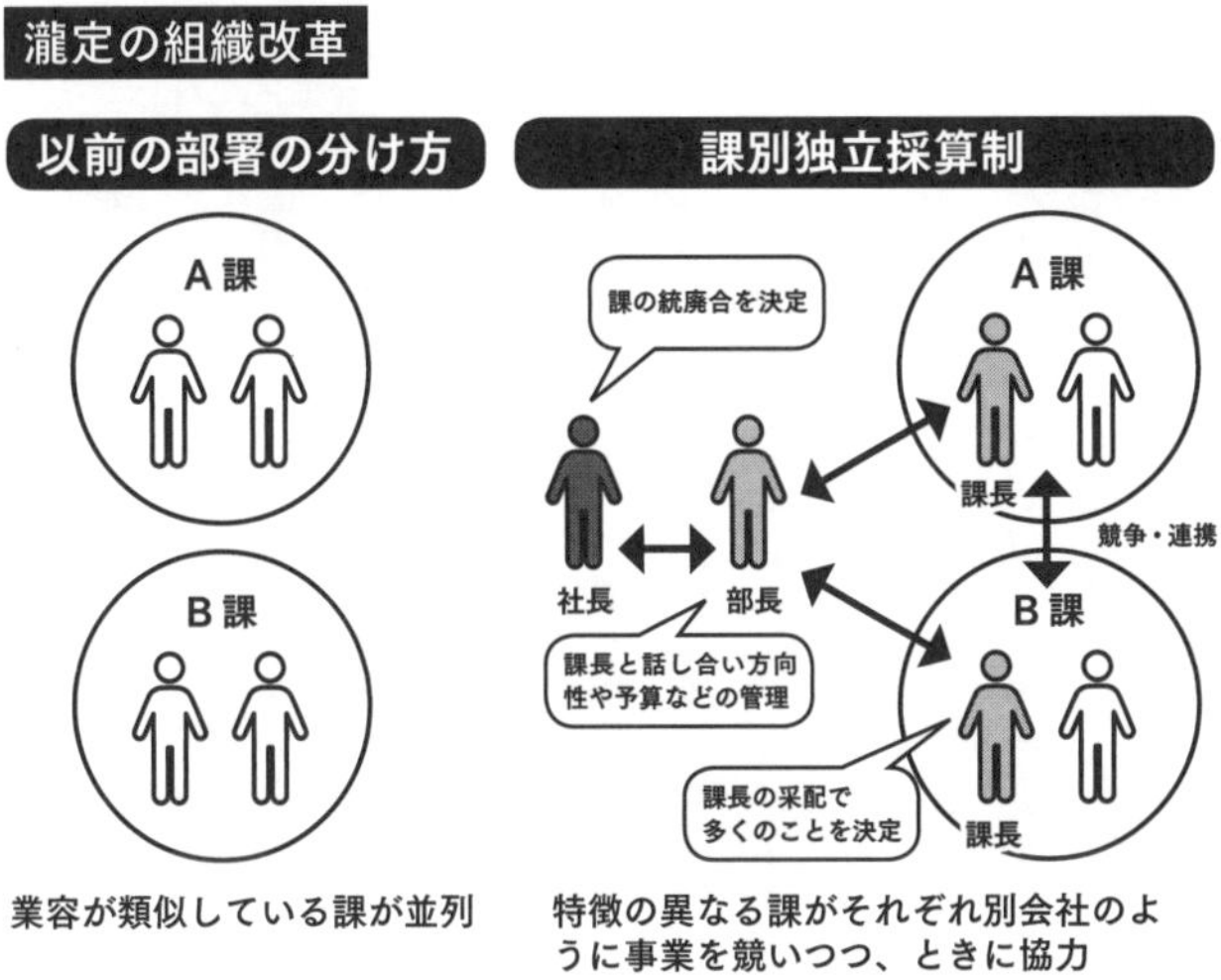

もと瀧定が「課別独立採算制」をとってきたことと無関係ではないだろう。1つの課が担っている事業に伴う権限は、その課の課長に属する。さながら「一国一城の主」である。

高度経済成長で市場が拡大していたころには、1つの課の規模が大きくなるごとに分割していたという。その結果、同じような事業を担う課が並列していた。しかし、市場が縮小している現在においては、そうした細胞分裂のようなかたちではなく、特徴の異なる多様な課が独立独歩で事業を行っている。

たとえば、海外からニット生地を仕入れる課なら「何をどれだけ仕入れるか」、海外から糸を仕入れて生地を作る課なら「どんな糸でどんな生地を作るか」、婦人服を企画・製造する課なら「どんな製品を作るか」を、それぞれの課長が独自に決めるという具合だ。

それぞれの課が、いわば「株式会社○○課」という風情で競って事業を行っている。課のメンバーから意見や企画を吸い上げ、プロジェクトを定める。必要とあらば課の垣根を越えて協力し、1つのものを作り上げる。すべて課長の采配だ。

課は、そのときどきのニーズに応じて、適時、新たに設けられたり廃止されたりしている。これは社長判断で行われる。常時30ほどの課があり、いくつかの部に分けられているが、各部長の役割は課長たちと話し合って部の方向性を定めることと、予算や売上などの数字を管理することだ。ここでもやはり課長のプレゼンスが大きい。

こうした「課別独立採算制」が物語っているのは、上の指示を待つのではなく、自主的に動く人材を求める社風だ。重大な決定権を持つ課長のみならず、一人ひとりの社員が自分で考え、行動しなくては何も始まらない。現に研修を終えて課に配属されてきたばかりの新入社員に、「来週の出張予定は?」と尋ねることもあるほどだ。

新入社員の配属は、新入社員が研修期間中に希望する課の課長に自らを売り込み、一方、課長は課の欲する人材を自ら獲得するという流れで決定していく。これも主体的に動く人材を求める社風の1つである。

瀧定名古屋の業種は、本来的には繊維関連の商品の注文を受けて仕入れること、あるいは繊維関連の製品の注文を受けて作ること、要するに受注産業だ。しかし瀧定名古屋は、ただ取引先の注文に応じるだけにとどまらない。取引先とも話し合いながら、自ら、「これは売れる」というものをつねづね提案しているのである。

たとえば、生地を製造するには糸を染めて織るという工程がある。「今年の流行色の生地」という取引先の注文を受けてから染料を調合するようでは、十分な供給体制を確保する前に、その色が流行しているシーズンが終わってしまう。特に婦人服の生地に顕著だというが、「求められてから供給できるまでの時間差」は繊維業界の課題なのである。

だからこそ瀧定名古屋は単なる受注産業に甘んじず、自分たちから積極的に提案する。先読みにリスクはつきものだが、取引先にとって「欲しいものが欲しいときにある」という状況を作っておけば、自社も取引先もビジネスが回りやすくなるのだ。

「自分たちが『これだ』と思うものを先んじて作るというところが、瀧定名古屋が同業他社と比べてもっとも特徴的であり、強みといえる点なのです」とは、瀧定名古屋の社員から聞かれた言葉である。

それぞれの課が自立的に事業を行う「課別独立採算制」、社員一人ひとりの自主性が発揮される体制が、江戸末期から連綿と続いてきた瀧定の今と未来を作っている。

何があっても潰れない会社の極意

- ✓同調圧力に惑わされず、競合他社とは逆張りの経営判断で難局を切り抜けてきた
- ✓海外拠点の権限を拡大し、現地判断で事業を推進したことでコロナ禍を切り抜けた
- ✓課が自立的に事業を行う「課別独立採算制」でスピーディなPDCAサイクルを実行

地域貢献意識がすべての源泉「インフラとしての物流」を極める

ヨコウン株式会社（総合物流サービス）

■「地域に求められるインフラ企業」として

物流は私たちの生活に欠かせないものだ。特に都市部に住んでいる人たちは、物流が途絶えたら明日の生活用品や食事にも困ってしまう。物流は水道や電気と同様、重要なインフラである。

しかし、日本において「インフラとしての物流」の概念が確立、普及したのは実は戦後、高度経済成長が始まってからのことだ。日本は急激に大量生産・大量消費の時代に突入していき、従来の小規模・小口輸送ではとうてい荷物をさばききれなくなった。社会が、より大規模で効率的な輸送システムを求めるようになったのである。

もちろん「モノを運ぶ」という仕事は昔からあった。江戸時代には水運が発達し、各地の生産物は盛んに江戸市中で取引された。ただし陸路や倉庫、物流センターなど陸運が整備さ

1953年（昭和28）ごろ。1951年（昭和26）2月に横手運送株式会社となる。米や野菜などの農産物の輸送を柱としてきた

れるのは、物流先進国・アメリカへ派遣された政府使節団が知識やノウハウを持ち帰る１９６０年代まで待たねばならない。

　秋田県横手市に拠点を置くヨコウン株式会社（以下、ヨコウン）は、１８８１年（明治14）に「塩田陸運社」として創業された。

　その後、横手合同運送株式会社、横手運送株式会社と何度かの合併や改名を経て２０１２年（平成24）、現在のヨコウンとなった。まさに日本の物流の歴史と共に歩んできた企業といっていいだろう。

　初代・塩田儀三郎《ぎさぶろう》は、鉄砲火薬などを扱う小売店を営みながら運送業を始めた。創業当時は水運が盛んだったが、１９０５年（明治38）に奥羽本線横手駅が誕生してからは、国鉄の車扱い（貨車ごと借りて輸送すること）を主として横手市特産の農産物などを輸送し、地域に密着した運送会社として発展していった。

　ちなみに、初代・儀三郎が営んでいた塩田銃砲火薬店は、輸送業が主事業となってからも

継続され、ほんの10年ほど前までは営業していたという。横手市は狩猟やクレー射撃が盛んであり、銃弾の需要があったからだ。

さて、物流は一種のインフラであることから、どの物流会社にも、歴史を紐解けば、多かれ少なかれ政府の命令や社会の要請と共に発展してきた経緯がある。

たとえば「ペリカン便」で有名な日本通運（日通）は、もとはといえば戦時物資を円滑供給するために日本政府が作った国策会社だ。戦後に株式を一般公開して初めて、純粋な民間企業として再出発した。

その他、個人が興した企業でも、政府の号令により合併を繰り返して大きくなった運送会社は数多い。丸運や丸通などいくつかの大手運送会社の系列があり、その業務を下請けする地元運送会社が日本各地で走っていた。ヨコウンも、現在の横手駅をはじめ岩手県の陸中川尻駅（現在のＪＲ北上線ほっとゆだ駅）に合同会社を設立し、その地域の信用ある運送会社として戦前・戦後を生き抜いてきた。

こうした歴史的経緯に照らしても、ヨコウンの1つの特徴は、地元・秋田県をはじめ東北地方を走る物流会社として根付いているという地域性だろう。

移り変わる地域のニーズ、取引先のニーズに応えるかたちで、ヨコウンは今まで成長してきた。これからの発展を考えるうえでも、やはり念頭にあるのは地域とのつながりだ。創業家である塩田家も、「自分たち一家の会社」というより「地域に求められるインフラ企業」としての社会的位置づけを、より強く自認しているという。

■「相手発信」の先に、本物の成長がある

ここで改めてヨコウンのサービス内容を見てみると、「輸送＋通関＋保管」「輸送＋納品代行」「輸送＋リサイクル」「輸送＋バリア梱包＋保管」など、輸送業とその他の業務を組み合わせたサービスが多様に展開されている。

輸送サービス内容も、３温度帯（ドライ、チルド、フローズン）を取りそろえた食品輸送から小口配送、家庭用のＬＰガス配送、ＪＲコンテナ輸送、学校給食配送など、これまた幅広い。その他、機密文書の出張裁断、倉庫屋根を利用した太陽光ソーラー事業、不要パソコンの引き取りやデータ消去など、「物流」からはなかなかイメージしにくい事業もある。

これだけの多彩なサービスを、いかに確立してきたのか。

「ヨコウンの経営理念は『総合物流サービスを通じて地域社会に貢献すること』。その根底には、環境の変化に応じて挑戦するという価値観が流れています。お客様から何か新しいこ

保管センターと配送センター双方の機能を担う物流センター。ドライ・チルド・フローズンという「３温度帯」に対応

とを要望されたときに、わからないところは素直に教えを乞う。あるいは適切な場所に学びを求める。現場では常に『改善』を繰り返す。そうしているうちに、以前はできなかったことができるようになり、さらには、どこよりも上手にできるようになるのです」

こう話すのは初代・儀三郎から数えて6代目に当たる塩田充弘《みつひろ》社長だ。

きめ細やかで多岐にわたるヨコウンのサービスは、こうした姿勢から生まれたものであることが窺われる。自社発信でサービスを生み出してきたというよりは、取引先の要望にきめ細かく対応することで多彩なサービスを生み出してきたのだ。

こうした「相手発信」を起点とした成長のきっかけとなったのは、１９７４年（昭和49）、日産自動車系列の部品製造会社が横手市に誘致されたことだ。それに続くようにして同様の企業が横手市に進出してきた。

保有トラック数などの条件が見合ったヨコウンは、これらの企業からの受注に成功した。

だが業務内容は、単に部品を輸送することだけにとどまらなかった。工場で使われる工作部品の保管、流通加工（工場で生産された部品をまとめて保管し、配送先ごとにロットを変えて梱包し直すこと）、梱包、納品代行なども一手に引き受けることになったのだ。取引先の荷物の出入りを総合的に管理する「デポ機能」を果たすようになったのである。

従来は、主に米や果物といった農産物を運んでいたところへ、工業製品が加わった。扱うモノが違えば、当然、適切に扱うためのノウハウも違ってくる。たとえば輸送に使うトラック1つをとってみても、トン単位の農産物ならば大型車に積み込めばいいが、「パレット」という小単位の自動車部品となると、大型車では積載量と釣り合わない。

そこで複数の企業の荷物を、配送地域ごとにうまく組み合わせて大型車に積むなど、新しいノウハウを身につけた。保管や梱包などにおいても同じく、工業製品に見合った新たなノウハウが必要になった。

すべては、取引先のニーズに一つひとつ誠実に応えたことで確立したサービスというわけだ。結果的にヨコウンは、地元地域における自動車部品物流の先駆けとなった。また、最初に誘致された日産自動車系列の部品製造会社との取引は、製造業ではすでにお馴染みの「カイゼン」を学び、物流業の現場に取り入れるきっかけにもなったという。

■「運送会社」から「総合物流サービス会社」へ

さらに1996年（平成8）には、前述の横手市誘致企業がタイ向けに自動車部品輸出を開始することになったため、やはりヨコウンが受注することになった。

ここで新たに加わったサービスが「通関業」だ。当初は通関について何の知識もなかった。そこで担当者が、部品をタイへ輸送する物流会社の神奈川本社に通ったり、近隣の同業者に教えを乞いに行ったりして徹底的に学んだそうだ。

さらに電機メーカー、食品卸会社と、横手市や近隣地域に続々と企業が誘致された。その運送業務を受注するたび、ヨコウンは取引先と密に連携をとって新たに学びつつ、ニーズに応え、徐々にサービスの幅を広げてきたのである。

こうして、当初は「運送業」だったものが、次第に「物流業」に変化してきた。

運送と物流の違いは何か。ある社員は、「輸送は単にA地点からB地点へとモノを運ぶことですが、それに加えて、保管や流通加工、梱包などさまざまな機能を兼ね備え、必要なものを、必要なときに、必要なところへ、必要なだけ、必要な状態で届ける。こうした包括的なサービスを、私たちは物流と呼んでいます」と説明する。

運送と物流は何が違うのか

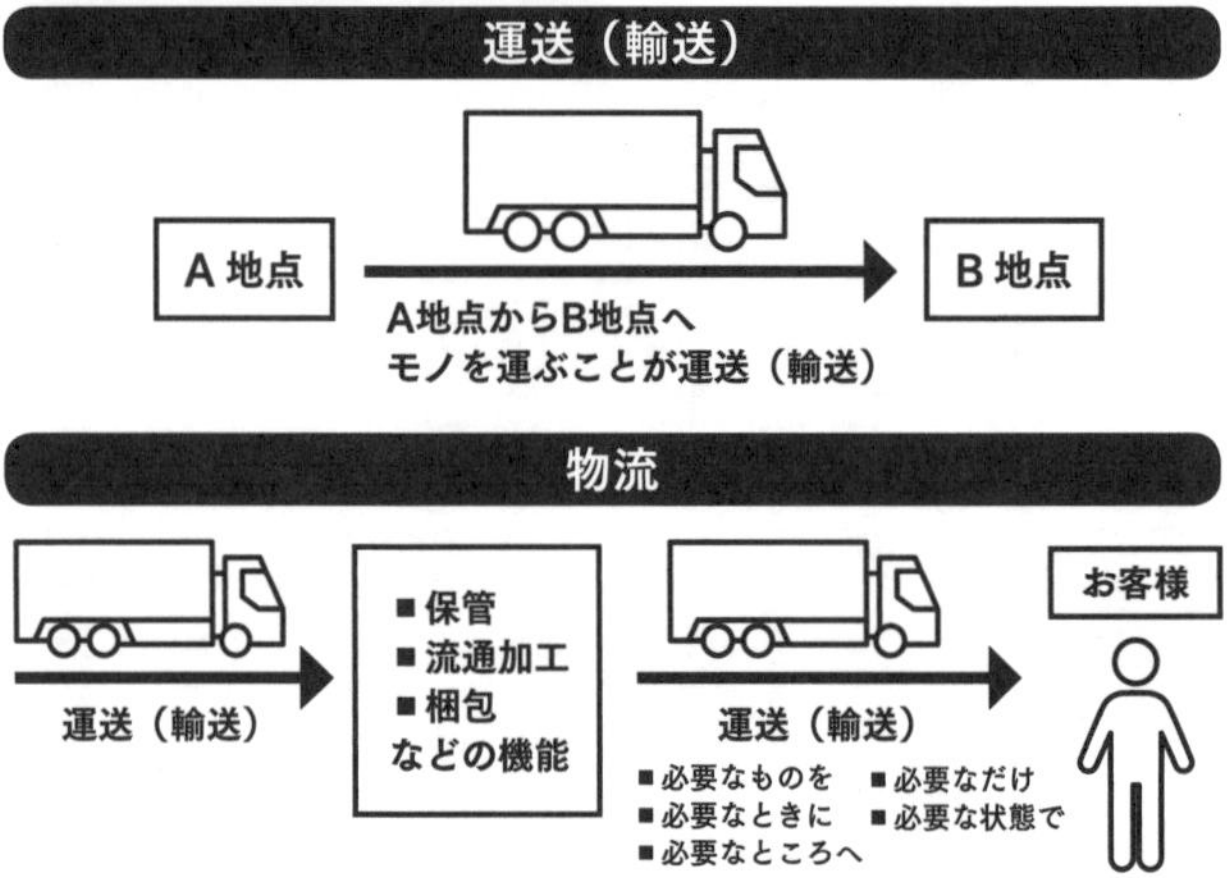

たしかに、ひと口に「モノを運ぶ」といっても、そのためには「倉庫に置いておく」「数をそろえる」「包む」「箱に入れる」など数々のプロセスが必要だ。日本から海外へ、海外から日本へと出入りするモノを運ぶとなれば、「税関を通す」というプロセスもある。

これらすべてを引き受ける事業こそが「物流」なのだ。ならば、取引先のニーズ一つひとつに応え続け、デポ機能から通関機能まで兼ね備えることになったヨコウンは、まぎれもなく「物流の総合サービス会社」と呼ぶにふさわしいだろう。

右肩上がりで伸びてきた業績が、その何よりの証だ。1967年（昭和42）には7100万円だった売上は、年によって多少、上下しつつも2019年には41億6000万円余りにも達している。

■競合他社との共存共栄で、地域の発展に力を尽くす

ヨコウンは現在、横手市の本社をはじめ、秋田県と岩手県に合計12箇所の拠点を持つ。基盤にあるのは地域貢献意識だ。１９５１年（昭和26）に株式会社となった折にも、地元の人々１２０名に株主になってもらったという。好業績を挙げれば、配当金というかたちで地元住民に還元できるというわけだ。

地域とのつながりを大事にする思いは、地域社会のみならず、同じ地元で事業を展開している同業他社にも向いている。

２０１６年（平成28）には、同地域にある同業他社や関連会社を集めた「共栄会」設立の旗振り役となった。共栄会では、文字どおり「共に栄える」を合言葉に、同業者間での情報交換をはじめ、受注や人員、トラックを融通し合うなどの協力体制ができている。

共栄会のメンバーは、同地域を拠点として長く事業を営んできた企業ばかりだという。そこでは、ある種の事業的棲み分けが自然と成立しており、他社が大きく利する代わりに自社が大きな不利益を被る、といったことは起こりづらいようだ。

2020年からのコロナ禍は物流にも打撃を与えたが、ここでも共栄会の協力関係が生かされた。たとえば、輸送の仕事が激減した加盟運送会社に、別の加盟運送会社が仕事を回す、あるいは、世間では運送の需要減で輸送費の値下げが起こっていた中、共栄会のなかでは従来の正規料金で発注する、といった支え合いがいくつも見られたという。

同業者でありながら、同時に荷主でもあり、協力者でもあるという、まさしく「共栄」関係が築かれている。このように横のつながりが強いというのは、とりわけローカル企業ならではのことだろう。

新卒社員入社時の研修「ヨコウンスクール」での新規事業の創出（案）プレゼンのアイデアにも、ヨコウンの地域貢献意識が表れている。

若手社員からは、地域社会を支える新規事業案が次々と生まれている。たとえば、近年だんだんと増えている空き家や、遠方からでは頻繁に訪ねにくいお墓を管理するサービスなどだ。域内を車で常時めぐっているドライバーが、運送の合間に空き家や墓の世話をする。一見したところ物流とはいっさい接点がないようだが、このようにイメージしてみると、実は意外と物流業の特性が生きる分野なのかもしれない。

近年、物流を取り巻く環境は激変しつつある。独自の物流システムを持つ小売業やＥＣサイトが勃興し、さらにはＡＩによる自動運転（自動配送）も現実味を帯びるなか、ヨコウンは、どのような未来を見据えているのだろうか。

「業界の激変に対しては、危機感のほうが大きい」と塩田社長は話す。

実は現在、盛んに中堅の運送会社の吸収合併が行われているという。小規模の運送会社は大手や中堅の下請けのみだが、中堅企業には独自の顧客がいる。吸収合併するほうからすれば、中堅企業を買収することで顧客ごと手中にできるというわけだ。

ヨコウンは、まさに中堅に位置づけられる。今後、物流業界内での競争激化は必至であり、さらには、いつ吸収合併の話がこないとも限らない。重要な社会インフラである以上、物流という仕事がなくなることはないが、そこで生き残っていくには事業環境の変化に柔軟に対応し、新しいことに挑戦していくことが肝要だ。では、どうするか。

塩田社長としては、行動を起こすべきときがきたら、すぐに動き出せるよう、常に3つくらいの選択肢を持っておくという。

「地域密着型の総合物流サービス会社」として、引き続き地域社会や同業他社とのつながりを大事にしつつ、ヨコウンは考えながら走っていく。

何があっても潰れない会社の極意

- ✓物を運ぶ運送ではなく、保管や流通加工・梱包などの機能を兼ね備えた物流を展開
- ✓地元の同業他社と協力体制を敷き、情報交換、受注や人員・トラックの融通で共存
- ✓物流業以外の地域社会を支える新規事業も積極的に推進

第四章

老舗超大国・日本の
1000年企業

1444年続く、世界最古の企業
聖徳太子の招きで百済から日本へ

株式会社金剛組（社寺建築）

■飛鳥時代、百済から渡来した工匠が創業

日本には歴史の古い企業が多いが、世界で一番古い企業が日本にあることをご存知だろうか。世界で一番古い会社といわれているのは、大阪で社寺建築を手掛ける金剛組だ。創業が578年なので、1400年以上も続いている。

金剛家には今に伝わる系図がある。歴代当主の名前と業績が書かれていて、広げると3メートル以上になるという。

金剛家によると、聖徳太子は四天王寺を建立するため578年に朝鮮半島の百済《くだら》から「金剛」「早水《はやみ》」「永路《ながみち》」という3人の工匠を日本に招聘した。その一人「金剛」が金剛組初代の金剛重光だ。当時の日本には本格的な寺院を建築できる技術者がいなかったため、仏教の先進国であった百済から技術者を呼び寄せた。

四天王寺は日本初の官立寺院だ。538年の仏教伝来からそれほど年月が経過していないころであり、豪族が私的に建立した寺院はあっても、国家事業として寺院が建てられるのは初めてのことだった。

『日本書紀』によれば、親仏教派の蘇我氏と反仏教派の物部氏《もののべ》が武力衝突した際に、蘇我氏に従軍していた厩戸皇子《うまやどのおうじ》（後の聖徳太子）は仏教の守護神である四天王の像を彫り、「もし、この戦いに勝利したら四天王を安置する寺院を建立する」と願を立てたという。その戦いは蘇我氏の勝利となり、聖徳太子は四天王寺の建設に本格的にとりかかる。

五重塔や金堂といった四天王寺の主要部分が完成したのが593年。寺院建築の技術者はとても貴重な存在だったので、その後、「早水」と「永路」はそれぞれ大和（奈良県）と山城（京都府）へ移住して、さまざまな寺院の建立に貢献したようだ。現存する世界最古の木造建築である法隆寺の創建にも関与したという説があるが、「早水」と「永路」のその後に関する記録は残っていない。

一方、金剛重光は四天王寺を護ることを命じられ、その子孫は四天王寺お抱えの宮大工として1400年以上歩み続けることになる。金剛家の当主は代々、四天王寺から「正大工《しょうだいく》職《しょく》（お抱え大工）」という称号を賜り、現在は41代目。

1400年間には天災や戦災に見舞われることが多く、五重塔だけでも7回の焼失や倒壊があり、現在の五重塔は8代目である。

■四天王寺から扶持米を受給

度重なる天災や火災で、古い資料はあまり残っていないが、五重塔は平安時代に落雷や火事で2回ほど焼失と再建を繰り返した。

1955年に株式会社化される前の金剛組社屋

1576年（天正4）には織田信長の本願寺攻めの際、織田軍に火をつけられて四天王寺全体が焼けてしまった。1600年（慶長5）に豊臣家の支援により4代目五重塔が再建されたが、1614年（慶長19）には大坂冬の陣の戦いに巻き込まれて焼失する。1623年（元和9）に徳川秀忠によって5代目五重塔やその他の建物が再建されたが、1801年の落雷で五重塔や金堂など、主要な建物が焼けてしまった。その後、1813年（文化10）に6代目五重塔などが再建される。

焼失のたびに再建できたのは、四天王寺が多くの領地（寺領）を持ち、裕福だったからだ。金剛組は江戸時代までは四天王寺お抱えの宮大工であり、毎年決まった扶持米《ふちまい》（手当）を得ていた。四天王寺という大きくて裕福な顧客を持つため、新たな仕事先を探す必要はなく、数多くの伽藍整備を請け負うことで経営は安定していた。

四天王寺から請け負う仕事を完璧にこなすために技術習得と技術継承に努めた結果、高度な技術が集積された。そして、たびたび再建という大工事を請け負うことで、さらに技術が磨かれた。焼失は良いことではないが、再建工事は高度な技術の維持・継承にメリットがあったといえる。

■明治維新後に訪れた経営危機

天災や戦災に巻き込まれることはあったが、創業から江戸時代まで金剛組の経営は比較的安定していた。しかし、明治維新後に経営危機が訪れる。明治政府は1868年に神道を国教化するために「神仏分離令」を発令する。

江戸時代の仏教寺院は、幕府の保護を受けて幕藩体制の一翼を担っていた。これに対して明治政府は、国家公認の宗教を江戸時代の仏教から神道に転換させることにしたのだ。寺領を没収された寺院は困窮することになる。四天王寺も寺領を失い、金剛組へ扶持米を支給できなくなったのみならず、安定的な伽藍整備を金剛組に発注することも難しくなった。

それまで金剛組は四天王寺からの仕事のみを請け負っていたが、他の寺社の仕事も請け負わざるをえなくなる。四天王寺のお抱え宮大工という信用力、高い技術力を武器に仕事を獲得したのだろうが、四天王寺以外の寺院への営業には相当な苦労があったはずだ。

明治維新後は、他の多くの宮大工家が西洋建築に乗り出し、政府や軍隊の工事を受注して成長していった。一方、金剛組は扶持米の給付は得られなくなったものの、四天王寺を中心とした寺社からの仕事を受注することで経営を維持していた。工事のエリアも大阪にとどまっていた。

■一族を悲劇から救った稀代の女棟梁

神仏分離令による混乱が落ち着きつつあった金剛組を昭和恐慌が襲う。1929年（昭和4）の米国株式暴落は、当時の日本経済にも深刻な影響を与えたのだ。

当時の当主は第37代・金剛治一。弱冠21歳にして正大工職を拝命するほど高い技術を持ち、当時の大阪で名棟梁として名を知られる存在だったという。

金剛組の経営危機を救った「なにわの女棟梁」金剛よしゑ（前列中央）

しかし、治一は無類の職人気質で、今でいうところの営業活動などさらさら念頭になく、自分が納得できる仕事しか請け負わなかった。仕事があるうちはそれでも良かったのだが、昭和恐慌が始まると状況は悪化。仕事の依頼は急減した。こうした状況になっても職人気質で勝ち気な性格の治一は、頭を下げて営業をすることができない。寺や神社を回って修繕すべき場所を見つけたり、「大きな仕事があったらやらせて下さい」と声をかけたりする程度のことは治一以前の当主でもやっていたが、治一にはできなかった。

経営は悪化の一途を辿り、１９３２年（昭和７）に悲劇は起きた。治一は経営不振の責任をとって四天王寺境内にある先祖代々の墓の前で自殺してしまったのだ。白装束に身を包んでいたという。享年55歳。

名門宮大工家の現役正大工の自殺は世間を騒がせ、新聞各紙でも大々的に報道された。金剛組や四天王寺の関係者には大きな衝撃が走ったが、この危機的状況を救ったのは治一の妻よしゑだった。よしゑは四天王寺に嘆願して女棟梁として第38代を継ぎ、先代とは打って変わってトップセールスに走り、経営再建への道筋をつけた。

女性が棟梁になり、正大工職を継ぐというのは前例のないことだったが、四天王寺は嘆願を受け入れた。金剛組の技術力、金剛組と四天王寺の長年にわたる信頼関係、よしゑの熱意が評価された。

1934年（昭和9）、室戸台風のため五重塔が倒壊。四天王寺から金剛組に再建の命が下った。材木の調達だけで4年もかかるという難工事だったが、1940年（昭和15）に7代目五重塔が完成した。復興工事による収入で会社経営は回復した。

マスコミは、再建工事の中心となったよしゑの活躍を大々的に取り上げ、戦後にはテレビドラマ化された。

よしゑの活躍は五重塔再建にとどまらない。金剛組は第二次大戦中に会社存続の危機に直面する。第二次大戦中に経済統制が強化され、「企業整備令」の公布により中小企業の整理統合が進められた。そして、金剛組も整理統合の対象になってしまったのだ。

伝統技術や宮大工の離散を恐れたよしゑは、役所と掛け合って軍事用木箱を製造することを条件に対象からの除外を勝ち取った。もし、時代の風に押されて整理統合を受け入れていれば、そこで1400年の歴史と伝統は潰えていただろう。

よしゑ以前の棟梁は、自ら現場に出向き指揮をしながら営業や社内管理など経営管理も行っていた。しかし彼女の登場により、現場の技術を知らない女性が棟梁になることで、技術と経営の分離が進んだ。

終戦後しばらくの間は仕事が少なかったが、1950年（昭和25）の文化財保護法の施行がきっかけとなって、神社仏閣の再建ブームが到来する。再建を担う宮大工を抱えている建設会社が少なかったため、金剛組には四天王寺以外の寺社から注文が殺到した。技術者集団としての面目躍如といったところだ。

■会社の近代化、拡大路線へと舵を切った39代目

1948年（昭和23）、後の39代目当主となる利隆が入り婿として金剛家に入る。利隆は福井高等工業学校（現・福井大学）を卒業後、準大手ゼネコンの熊谷組に入社し、長姉の夫が金剛組で働いていたことが縁でよしゑの三女と結婚した。

利隆はよしゑと共に会社の近代化に取り組み、1955年（昭和30）に金剛組を「株式会社金剛組」に改組した。代表取締役社長のよしゑが資金管理を、専務の利隆が現場管理を担当した。

このころは組織だけでなく、工法にも大きな変化があった。戦後は火災対策が重視され、神社仏閣でも鉄筋コンクリート建築が流行する。金剛組もコンクリート施工を開始し、1954年（昭和29）には四天王寺の南鐘堂を手掛けた。鉄筋コンクリート工法でも、日本建築の優美さや木の暖かみを損なわない独自の工法を開発したのだ。

近代的な組織となった金剛組は、コンクリートを活用した新工法を持ったことで、拡大路線に舵を切る。マンションや老人ホーム、阪神淡路大震災の復旧工事なども手掛け、1990年代後半には売上高の6〜7割が社寺ではないコンクリート建築となった。

■「金剛組を潰したら大阪の恥や」

金剛組は成長路線をひた走ったが、売上高は1999年（平成11）の130億円をピークにどんどん低下していく。利隆は業績悪化の原因を、その著書のなかで「不得手な分野に手を出してしまったからだ」と述べている。

木造の社寺とコンクリートの一般建築では工期設定、コスト管理、営業手法がまったく異なるが、金剛組は木造社寺を建築する感覚のまま、コンクリート建築を行っていた。コンクリート建築の分野では大手ゼネコンがライバル。金剛組は大手ゼネコンと同品質の建物を作ることはできても、仕入れ価格や工事費の競争では勝つことはできなかった。赤字工事が多く借金が膨れあがった。役員給与はもちろん、社員のボーナス、給与をカットしたあげく2004年（平成16）には希望退職を募らなくてはならない状況に追い込まれてしまった。宮大工への工賃も数回引き下げざるをえなかった。

会社更生法と民事再生法、どちらを申請したらよいのか、切羽詰まる状況となった2005年（平成17）。東証一部上場の中堅ゼネコン髙松建設が支援の手を差し伸べた。金剛組と髙松建設はどちらも大阪が地盤であるし、メインバンクがりそな銀行だった。りそな銀行が髙松建設に金剛組の救済を頼んだところ、髙松孝育会長（当時）が「金剛組を潰したら大阪の恥や」と応じたのだった。

2005年11月、髙松建設が全額出資して、新しい金剛組を設立。2006年（平成18）1月、従来の金剛組から新しい金剛組へ営業権を譲渡すると共に、従業員の大半を移籍させ、宮大工との関係も全て維持したうえで新たなスタートを切った。一方、従来の金剛組は負債を受け継ぎ、同年7月に自己破産し、一連の手続きが終了した。

金剛組が再スタートできたのは、髙松建設以外からのサポートも大きかった。金融機関は担保のない部分の債権を放棄した。中立的な立場を重視する銀行が、特定の企業を優遇するような決定をしたのは異例なことだ。

また、協力業者への支払いは手形で行っていたが、債権者集会で2割ディスカウントでの手形買い取りを提案したところ、大きな混乱もなく了解を得ることができた。通常の債権者集会ならば、罵声が飛び交ってもおかしくないが、集会は穏やかに終了したという。

高い技術と優秀な宮大工を抱える伝統企業を潰してはならない。もし倒産となれば、技術も人材も散逸してしまう。高松建設をはじめ多くの人や会社が、そうしたことは絶対に避けねばならないとの気持ちから金剛組を支援した。

利隆は「金剛組は、大阪という街が育んだ企業の義理と人情で救われた」と言う。

■宮大工の技術交流で磨き抜かれた、圧倒的技術力

金剛組が存続し続けられた第一の理由は、四天王寺の存在と、高度な技術を代々継承し続けてきたことだ。四天王寺の五重塔は、戦災や落雷、台風などで焼失したり倒壊したりしたことはあるが、地震による倒壊は一度もない。地震大国日本でのこの実績が、金剛組の技術力の高さを雄弁に物語る。

金剛組では昔から、正大工職を頂点に複数の宮大工の組が配置されていた。各組にリー

ダーとなる棟梁がいて、宮大工は金剛組に属するのではなく、その下の組に所属する。金剛組と組の関係は茶道や華道の家元と師匠、または相撲協会と相撲部屋のような関係だ。支配する、されるという関係ではなく、運命共同体なのだ。

金剛組が四天王寺から仕事を受注して各組に割り振る。組における宮大工の採用などは各棟梁に任せられ、金剛組は直接口出しをしない。組は金剛組の専属で、金剛組から依頼された仕事を行った。

技術漏洩を防ぐために、江戸時代まで組は金剛組以外の仕事を勝手に請け負うことを禁じられていた。そのおかげで各組は新規顧客開拓などの営業活動をせず、ひたすら技術習得と継承に努めることができた。

各組はライバル同士で切磋琢磨する関係であり、競争して潰し合う関係ではない。普段は各組が単独で工事を請け負うが、大きな工事になれば共同で請け負う。こうしたときに組同士の技術交流が行われて、金剛組全体の技術レベルが向上する。

現在は金剛組のもとに宮大工の組が８つあり、「匠会」という組織を結成している。宮大工は総勢約１００人。

金剛組と各組の間に資本関係はない。建設業法上では元請けと下請けの関係になるが、多田俊彦社長は「そんな薄っぺらな関係ではない」という。宮大工の中には、父も祖父も金剛組で仕事をしていたという人もいて、金剛組との絆は太く強い。他のゼネコンと下請工事会社の関係とは違う。いざ仕事をするときは金剛組ファミリー一体で請け負うという感覚のようだ。

金剛組は大阪で2000坪、東京で1000坪におよぶ大きな材木加工センターを所有し、各組へ作業場として無料で提供している。また、建設部材の図面を実際の寸法で書くことがあるが、そのためには広大な作業場が必要だ。金剛組では、現寸場と呼ばれる図面作成の場所を用意して、これも無料で各組へ提供している。

加工センターや現寸場では組ごとに作業場所が分けられているが、お互いに仕事ぶりが丸見えなので、自然と技術交流がなされる。

自社専属の宮大工を抱え、自社所有の加工センターと現寸場を所有する建設会社は、金剛組だけだ。技術重視の姿勢は何年たっても変わらない。

■能力不足の当主は更迭、分家が本家の監視役

血縁を優先するのではなく、実力主義だったことも1400年続いた理由の1つだ。

創始者の金剛重光以来、1400年以上も金剛の姓は受け継がれてきた。しかし、必ずし

も直系長男が家督を継いできたわけではない。分家が継承したり、外部から婿をとったりしているケースも多い。静岡文化芸術大学の曽根秀一准教授の調査によると、江戸初期の第25代から第40代までの当主のうち、10人の当主が長男以外、もしくは他家から登用された人物だ。

金剛家では直系長男であっても、当主に適任でないと判断されれば当主になれず、次男以下の男子や婿養子が家督を継ぐ。また、いったん当主として正大工職に任命されても、能力が足りないと見なされれば解任されて、家から追放されることもあった。

江戸時代後半に起きた出来事が、金剛家の実力主義の厳しさを表している。

第32代喜定は金剛家の分家に当たる柳家の生まれだが、技量が評価されて当時後継ぎがいなかった金剛家の養子となった。

喜定が在任中の1801年に、四天王寺は落雷で多くの建物を失ったが、喜定が描いた金堂再建の設計図は現存しており、技術力の高さが評価されている。

喜定は、金剛家の家訓ともいえる『遺言書』を残した人物としても知られている。遺言書は晩年に病気を患った喜定が、先祖代々の教えが途絶えてはならないとして、幼い子どもたちに宛てて残したもの。

遺言書の中の「職家心得之事」には宮大工として学ぶべきこと、顧客への接し方、家の存続、弟子への態度などについて16か条にまとめられている。現在の社員も遺言書を意識することがあるというほど、金剛組の経営に多大な影響を与えている。

喜定が49歳で死去すると、長男の喜幸が22歳で33代目正大工職を拝命。五重塔の図面を書き上げるなど有能であったが、25歳のときに大病で引退せざるをえず、弟の喜盛に正大工職を譲った。34代目の喜盛は15歳だった。

系図には喜盛について「職道不熟ニ付当家功ナシ」と記されている。大工としての技術が未熟で、仕事への取り組み方にも問題があったため、当主を更迭《こうてつ》されたのだ。そして、金剛家に残ることも許されず、他家に養子に出されてしまった。事実上の追放だ。

金剛家には、正大工職を務める本家の他に分家筋の金剛家や柳家があり、分家も発言権を持っていた。分家が当主の能力をチェックするだけでなく、当主の暴走を抑える機能を有していたのだ。

先述の「職家心得之事」の15条には、「何事も自身に不相応なことは、親類を集めて相談したうえで、万事取り計らいなさい」(訳文)とある。「何かを決定するときは、独断ではなく、親戚にも配慮しろ」という意味だが、逆にいえば、本家であっても親類を無視できなかったことを示している。金剛組には血縁よりも能力を重視する体制が確立されていた。

■これからを担う宮大工を育成する「金剛組匠育成塾」

現在、金剛組には金剛家の出身者が一人在籍している。第40代正和の娘で金剛家41代目当主を務める。四天王寺は金剛家の当主に対して正大工職を与えるのであって、金剛組の社長に与えるのではない。金剛組の正大工職はこの女性なのだ。

昔のように正大工職が経営を主導するわけではないが、金剛家出身の正大工は金剛組の象徴であり、金剛組と四天王寺の関係を維持するうえでも、各組の宮大工とのつながりを保つためにも重要な存在だ。

新生金剛組において創業家は「君臨すれども統治せず」という立場になったが、金剛組の伝統は維持されている。

技術継承のためには人材確保が重要なことはいうまでもないが、大工仕事は厳しいので近年はどの組も採用に苦労している。日本の伝統的な建物が国際的に評価され、世界遺産に登録されていることから宮大工志望の若者もいるが、小所帯の組がこうした若者を探し出して採用するのは容易ではない。

そこで、金剛組が2021年から始めたのが「金剛組匠育成塾」だ。宮大工を志望する若者を対象とした専門学校のようなもので、研修期間は半年。授業は金剛組の加工センターで行い、講師は金剛組社員や組の棟梁、宮大工が務める。金剛組は半年間の授業を終了した卒塾生を各組へ推薦し、各棟梁は採用を検討する。半年間で生徒の性格や適性を見ることができるし、生徒も宮大工職が本当に自分に合っているのかわかる。

今後も各組は従来どおり独自に採用活動を行うが、「金剛組匠育成塾」を経由してから8組のいずれかに入社するケースが増えるだろう。

塾費は半年で10万円（当面は無料）だが、本格的な大工道具を支給するので、金剛組の利益はない。人材確保と技術継承のための塾なので儲ける必要はない。

1400年間にはあらゆる変化があったが、そのつど乗り越えてきた。金剛組は飛鳥時代から伝わる高度な技術を継承しながら今後も前に進む。

何があっても潰れない会社の極意

- ✓請け負う仕事を完璧にこなすため技術習得と技術継承に努め、高度な技術が集積した
- ✓事業継承では実力を重視し、分家や親類の意見を尊重した
- ✓宮大工の「組」同士が切磋琢磨し合い、金剛組全体の技術レベルが高まった

参考文献

『日経ビジネス』２００６年10月23日号
『創業１４００年』（金剛利隆著、ダイヤモンド社）
『老舗企業の存続メカニズム』（曽根秀一著、中央経済社）

記憶に残る本物のホスピタリティ「温泉旅館の親父」であり続ける信念

株式会社西山温泉慶雲館（温泉旅館）

■藤原氏に発見され、「湯坊様」と親しまれた湯治場

山梨県の山間部、早川町に建つ慶雲館は1300年余りの歴史を誇り、2011年（平成23）にギネス認定された「世界最古の温泉旅館」である。

その発祥は705年（慶雲2）、藤原真人《まひと》なる人物が源泉を発見したことだ。700年代という時代と「藤原」の名から、何となく想像がついた人も多いかもしれない。平安時代に権勢を誇った藤原氏の始祖であり、645年に始まる大化《たいか》の改新を率いた藤原鎌足《かまたり》、その長男が藤原真人である。

ことの起こりは次のように言い伝えられている。

学僧だった真人は現在の山梨県の山間部に住居を構え、地元の女性と共に家庭を築いていた。ある日、山に狩猟に出た折、湯川という川の岩間から吹き出る湯を発見し、ためしに湯

武田二十四将に数えられた武将、穴山梅雪が何度か湯治に訪れた際、慶雲館の守護神・湯王大権現に奉納した銅鑼。家宝として今に伝わる

に体を浸してみると、疲れも痛みもすっかり解消してしまった。

そこで真人は、この秘湯に至る道を切り開き、湯壺を建設した。当初は近隣の人々が体を癒す程度だったが、やがて周囲の村々にも評判が広まり、多くの人が御礼の品に粟や麦などを持参して訪れるようになったという。

この湯治場の評判は、時の権力者の耳にも入った。

758年（天平宝字2）には病にかかった孝謙天皇が湯治に訪れ、20日あまりで全快した他、武田信玄や徳川家康も、この湯で戦の疲れを癒やしたと言い伝えられている。武田二十四将の一人、穴山梅雪が湯治に訪れた折、慶雲館の守護神・湯王大権現に奉納したという銅鑼は、現在も家宝として慶雲館の当主に受け継がれている。

藤原真人が偶然にも発見した温泉は、こうして各地から人がやってくる湯治場へと発展した。といっても当初は旅館ではなく、自炊のできる宿泊施設だった。訪れた人々は自ら寝食を整えつつ、一定期間を過ごしたのである。

実は、この業態のほうが温泉旅館としてよりも歴史は長い。1970年代から何度かの増築と改築を経て最終的に旅館へと生まれ変わったのは、1997年（平成9）のこと。「この先は湯治場だけではやっていけない」と考えた先代・深澤雄二の経営判断だったという。

医療や医薬品など未発達だった時代に、湯治は病苦を癒す一番の民間療法だった。慶雲館の代々の当主は、いつしか訪れる人々から「湯坊様《ゆぼう》」と呼ばれるようになったそうだ。僧侶だったわけではないが、薬効あらたかな湯の守り人に対する感謝と敬意の表れだろう。50代当主くらいまでは、この愛称で通っていたという。

■伝統と挑戦の掛け合わせが、唯一無二の価値を作る

温泉宿の最大の財産は、いうまでもなく温泉だ。

しかし「温泉だけでは、知る人ぞ知る湯治場のままで終わってしまう」と53代目・川野健治郎社長は話す。そこで慶雲館が重んじているのが、泉質だけに頼らない「温泉力」だ。同社が定義する「温泉力」とは、自然の恵みである温泉に加えて、質の高い料理、格調ある建物、行き届いたもてなしも含めた、総合的な価値を高めるということである。

そのうえでなら、車でも公共交通機関でもアクセスしにくい不便さも1つの価値になるの

慶雲館は、北部・西部は南アルプス、東部は櫛形山系、南部は身延山地に囲まれた「日本一人口の少ない町」早川町にある

ではないか、と川野社長は考えている。

観光業では基本的に「安・近・短」が重んじられる。一方、簡単には辿り着けないという希少性は「秘湯」というイメージとも相まって魅力的である。排気ガスの届きにくい山間部の清涼な空気は、温泉に次ぐ自然の恵みだ。

現に2020年のコロナ禍では、いわゆる「3密（密閉・密集・密接）」を避けたい温泉客が、人里離れた慶雲館を好んで訪れたという。

もちろんこれらは、慶雲館を特別な温泉旅館とする付加的な価値であって、一番の売りが温泉そのものであることには変わりない。

先代の時代に湯治場のある自炊型宿泊施設から温泉旅館に作り変えられた、と先述したが、その際には開湯1300年の記念事業として、敷地内で新たに温泉を掘削した。温泉掘削は数千万～億単位の莫大な費用がかかる大事業だ。しかも温泉が湧く位置を正確に割り出すことはほぼ不可能であり、博打のようなものである。

慶雲館は、文字通り大きな賭けだったこの事業に挑み、みごと成功した。先代が「ここだ」と目星をつけた場所に温泉が出たのだ。それも52℃の湯が1分間に1600リットル（ドラム缶8本分）も自噴するという大当たりだった。自噴圧は17気圧、これは稀に見る高圧力であり、掘り当てたときには文字どおり湯柱が170メートルほども上がったという。

日本に数多ある温泉には、圧力が弱くポンプで地中から汲み上げ、湯量が足りないために加水しているところも多い。なぜ水圧が低くなるかというと、簡単にいえば1つの源泉に複数のパイプが差し込まれているからだ。

水風船をイメージするとわかりやすいかもしれない。水風船に（割れないという仮定で）複数のストローを差すと、1本1本のストローから飛び出す水の勢いは分散される。

一方、自噴圧17気圧というのは、地中から汲み上げるどころか、自ら吹き出す圧力が強すぎて減圧器が必要になったほどのもの。慶雲館は、いわば「何億年もかけて湯を膨大に蓄え、まだ誰もストローを差していない水風船」を掘り当てたというわけだ。

なぜそれが可能だったのか。幸いにして先代の勘が当たったからとしかいえないが、「やると決めたら絶対にやる。それが先代のすごさでした」と川野社長は振り返る。

現在、「源泉かけ流し」といえる温泉旅館は全国に1％に過ぎないといわれている中、慶雲館は、大浴場はもちろん各客室の風呂、シャワー、給湯に至るまで、すべて加水・加温なしの源泉だ。これはおそらく日本で唯一だという。湯温52℃では高温すぎるため、藤原真人が発見した伝統的な自然湧出の湯と調合して適温を保っている。

古くは藤原真人が発見し、さらには先代が新たに掘り当てた自然の恵みが、今の慶雲館が持つ唯一無二の価値を作っているのだ。

■信念あるところに、リピーターが集う

温泉旅館としての総合力を維持・向上することに努めている慶雲館がもっとも重きを置いているのは、訪れた客に極上の時間を提供することだ。かといって安易に流行に飛びついたり左右されたりはしない。

たとえばコロナ禍以前、観光業ではインバウンド需要をいかに取り込むかで盛り上がっていた。旅行会社を通じて、あるいは自社サイトで外国人観光客にアピールする宿も多かったと見えるが、慶雲館ではいっさいそうした広告宣伝は行わなかったという。

慶雲館は全室和室、数寄屋造りの純和風旅館だ。玄関で靴を脱いでスリッパに履き替え、湯上がりには浴衣を着用し、布団で寝る。特に欧米人には馴染みがない習慣だが、慶雲館は

靴のまま上がれるようにもしなければ、ベッドを設けた客室も作らず、「当館は純和風旅館である」ということを頑なに守ってきた。

ひと言でいえば、客に迎合はしないという姿勢だ。それでも、どこかで評判を聞きつけてやってくる欧米人はいるものだ。その点は見越して、インバウンド需要が盛り上がってきたころに、あらかじめ大きめのスリッパと長めの布団を特注したという。

するとアジア人に比べて体が大きい欧米の観光客は驚く。「前に泊まった旅館ではスリッパがきつく、布団から足がはみ出して寝づらかったのに、この宿は違う」と。この驚きが感動の記憶として残り、結果としてリピートにつながる。ただし、こうした準備があることを自らアピールはしない。

積極的には宣伝しない。自らの本質を変えてまで客に合わせることもしない。だが縁あって来館してくれた人には極上の時間を過ごしてもらえるよう、考えうる万全の体制は整えておいて、さも当たり前のように提供する。欧米人観光客への対応は一例であり、徹頭徹尾、このような姿勢が貫かれているという。

自分たちのやり方に従ってもらうばかりでは、旅館としてもっとも重要なホスピタリティが損なわれてしまうと考えてこそ、このさじ加減になるのだろう。

聞けば慶雲館は総じて客筋がいいという。日本人も外国人もマナーと節度を守り、それぞれが心地良い時間を過ごす。信念を貫くという筋の通った宿には、信念を尊重するという筋の通った客がつくという証にも見える。

■「頑固であれ。〝温泉旅館の親父〟を貫け」

ところで慶雲館は、代々、創業一家によって営まれてきた。しかし先代・深澤雄二には後継ぎがなく、2017年（平成29）、先代に見込まれた川野社長が、53代目として経営を受け継ぐことになった。

「社長になろうと思って入社したわけではない」と当人が話すとおり、まるで思ってもみなかった社長就任の打診を最初は断ったという。

しかし、1984年（昭和59）に25歳で入社して以来、不思議と先代とは馬が合い、しょっちゅう叱られながらも多くを学んだことは事実だった。加えて、すでに先代は80代に差し掛かっており、後継者問題の解決は待ったなしだった。迷ったあげく、この由緒正しい温泉旅館のトップに立つという重責を引き受ける覚悟を決めた。

「頑固であれ。流行に飛びつくな。〝温泉旅館の親父〟を貫け」とは先代の教えだという。

川野社長が考えるに、その真意は次のようなものだ。

あれこれと手を出すと、考えなくてはいけないことが増える分、思考散漫となって質の高い判断ができなくなる。だから頑固なまでに1つのことに集中せよ。

流行に乗せられて目移りなどせず、旅館業一筋で真面目に続けていれば、経験が蓄積される。そして、たとえ沈む時期はあっても、長年の経験という財産を持って必ず浮上することができる。

温泉や建物、従業員の振る舞いを通じて日本の旅館の良さを伝えていけば、この先100年でも200年でも続いていく。

先代の薫陶を受けた川野社長は、こうした教えを今なお守りつつ、常に「先代ならばどうするだろうか」と考えて、経営に当たっているという。

■危機は起こって当たり前

観光業にとって、近年でもっとも大きな危機はコロナ禍であった。

日本政策金融公庫が2020年8月に実施したアンケート調査によると、回答したホテル・旅館業者の売上は「50％以上減少」が約90％、「80％以上減少」でも54・6％と過半数を超えた。

一方、慶雲館は、初の緊急事態宣言が発令された2020年4〜5月、さらに7月までは赤字が続いたものの、8月以降は「Ｇｏ ｔｏキャンペーン」の需要もあって黒字回復。2020年は、年間売上を前年と比較すると4割減くらいだったという。

たしかに売上が落ち込んではいるが、5割以上減というホテル・宿泊業も多いなかでは、傷は浅いほうといえるだろう。Ｇｏ ｔｏキャンペーンがあったとはいえ、黒字回復の早さにも驚かされる。

それを可能にした具体的方策として挙げられるのは、稼働客室数を思い切って絞り、経費を削減したことだ。通常は35室であるところ、2020年4月1日からは27室とし、大型の8部屋を宿泊客の食事会場とした他、諸経費の洗い出しを徹底的に行い、出費を抑えるなどした。

このように、厳しい状況下でも、うろたえることなく冷静に先手を打ち、より大きな危機に備えるというのは、長い歴史のなかで培われた胆力なのだろう。

平時はいつ何時、一瞬にして有事に転じるかわからない。だからこそ「危機が起こって当たり前」の心構えでいることが判断の速さにつながるのだ。川野社長は、「それができるようになったのは、先代の姿を30年間以上にわたり間近で見てきたからだと思う」と話す。

たとえば2010年（平成22）7月、大規模な落石事故の影響で県道が1ヶ月間にわたり通行止めになったことがある。本来ならば、その県道を通らなくては慶雲館には辿り着けない。順当に考えれば営業停止となるところだったが、先代は慶雲館の裏手にある険しい林道を使うという判断を下す。

林道は県道のように整備されていないため、通常、客が乗ってくる路線バスは通れない。そこで慶雲館から送迎車を出し、バスで途中まで辿り着いた客を乗せて宿まで運ぶことにしたのだ。林道の入り口付近には従業員がテントを張って客を待った。

強引といえば強引だ。しかし、宿に泊まることを楽しみにしている客がいる以上、営業継続のために策を講じることが最善であるとの判断だった。途中で車を乗り換えてもらうという不便を強いる分、従業員一丸となって、いつも以上に心を込めてサービスした結果か、むしろリピーターが増えたそうだ。

自然豊かな山間部に位置するだけに、これ以外にもたびたび大雨や大雪の影響を受けたが、そのつど慶雲館は臨機応変の知恵と機動力で乗り切ってきた。

状況を冷静に分析し、すべきことをすれば必ず道は開ける。端的にいえば、観光業にとって深刻な死活問題となったコロナ禍すらも、慶雲館にとっては長い歴史のなかで起こってきた厄災の1つに過ぎないのかもしれない。

「ぐずぐずと考えるのは性に合わない。どのみち大変ならば、失敗してもいいという心構えで先手を打つ。打つ手が早ければ失敗しても取り返せる。歴史に学びつつ、社長就任以来最大の危機を乗り切りたい」と話す川野社長の表情には、これまで幾多の困難に対処してきた歴史に基づく自信が窺われた。

何があっても潰れない会社の極意

✔温泉旅館としての総合力「温泉力」を磨き、宣伝なしでリピーターを増やした

✔大胆な投資で新たな温泉を掘削。「全館加水・加温なしの源泉かけ流し」という圧倒的差別化を実現した

✔顧客に迎合せず本質は変えないが、顧客のための目に見えにくい細かな配慮を忘れない

「固い職人魂」と「柔軟なチャレンジ精神」の融合
時代の変化を、成長のチャンスに

五位堂工業株式会社（鋳造業）

■東大寺の梵鐘の製造に携わった匠

東大寺・盧舎那仏像——通称「奈良の大仏様」といえば、奈良時代の745年（天平17）に開眼された日本屈指の文化遺産だ。

その建造に鋳物師として関わったとされるのが、現在の五位堂工業の創業家・津田家の先祖である。国会図書館に所蔵されている鋳物師名鑑には、「右の者たちは東大寺の梵鐘の製造に関わった」として「津田」の名が連ねられている。

鋳物を作る鋳造とは、高温で溶かした金属を鋳型に流し込み、冷やし固める技術だ。使用される金属や鋳型の素材は時代を追って変化してきたが、古来、世界各地で用いられてきた金属加工法である。

鋳造技術の起源は紀元前3600年ごろのメソポタミアともいわれ、シュメール国王の墓

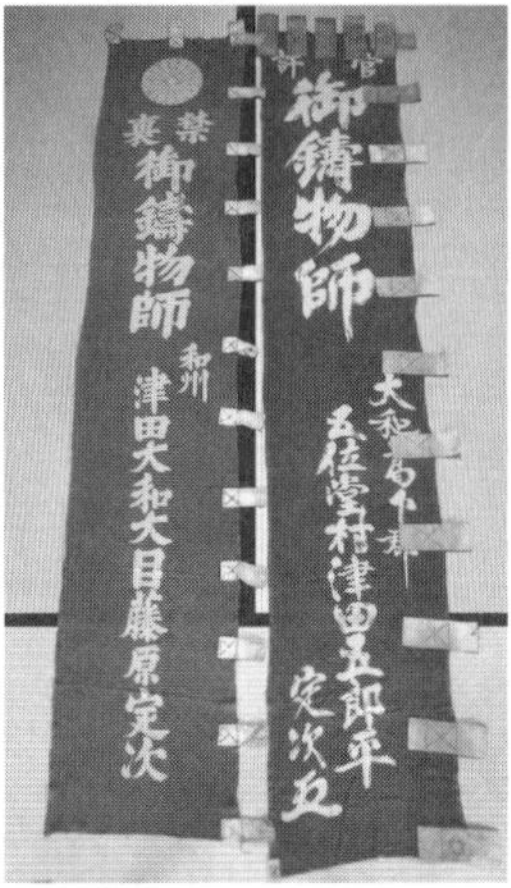

梵鐘作りの道具や材料を運搬するため関所に差し掛かった時、この旗、「勅許御鋳物師幟幡」を持っていると鋳物師として認識され、通してもらうことができた。1730～1800年ごろのもの

からは、鋳造されたと考えられる青銅製の武器や装飾品が多く出土している。日本へは中国、朝鮮半島を経て紀元前100～紀元100年にもたらされたとされる。

津田家の先祖が鋳物師として活躍していた奈良時代には、主に梵鐘や武器が鋳造されていた。梵鐘は寺、武器は朝廷の管轄であることから、鋳造の専門技術者である鋳物師は、当時、権力者の庇護のもとで仕事をしていたと考えられる。

奈良時代から一気に歴史を下った1614年（慶長19）には、各地から動員された11人の脇棟梁の一人として、津田家の先祖は京都方広寺の大鐘の建造に関わった。

この京都方広寺の大鐘とは、秀吉亡き後の豊臣家が建造したものだ。鐘に刻まれた「国家安康」の文字が「家康」を分断していたことに徳川家康が目をつけ、「豊臣家には徳川家に歯向かう意志あり」と難癖をつけた。それが、豊臣家滅亡の始まりである「大阪冬の陣」のきっかけになったといわれる、有名な鐘である。

こうした、いわくつきの鐘だが、建造の功績が認められた津田家の先祖は、職人に与えられる名誉号の1つである「藤原求次周防少掾」を賜った。

1730年（享保15）には「大和大目藤原定次」の呼び名を受領する。藤原とは、もちろん、あの藤原家のことだ。有力者の氏を与えられたことからも、いかに鋳物師という職業が国から重宝されていたかが窺われる。

また、当時は真継家という朝廷官人が全国の鋳物師を統括していた。津田家の先祖も、その真継家から鋳物師職を拝領している。これは、今でいうところの「事業認可」である。鋳造技術は武器製造にもつながるため、お上が管理していたということだ。

以降も津田家は鋳物師として半鐘などの製造に携わってきた。現在の五位堂工業株式会社となったのは、1962年（昭和37）のことである。

■技術力はある。しかし技術力だけでは決してない

先ほども少し触れたとおり、鋳造に使われる金属や鋳型の素材は、時代ごとに移り変わってきた。

古くは、金属を溶かすのも鋳型に流し込むのも人の手で行われており、素材は青銅、鋳型

五位堂工業が生産している陸用・船用内燃機関部品。耐摩耗性、耐圧性、吸振性などが総合的に必要とされる

は砂型や木型だった。今では工程の大部分が機械化され、素材は鉄へ、鋳型は金型や樹脂製の型へと変化している。それでも、「溶かした金属を鋳型に流し込む」という技術の原型は変わらない。

現在の五位堂工業は、船舶用エンジン、工作機械用部品、ストレーナー（濾過器）部品などを鋳造しているが、同業他社に対する五位堂工業の優位性は、いったいどこにあるのか。

長い歴史をもつ企業は、否が応でも、さまざまな社会変動を体験している。奈良時代に起源を持つ五位堂工業ともなれば、奈良、平安の昔から、平成、令和の今に至るまでの社会変動をすべて経ていることになる。

そのなかで五位堂工業が生き残ってきた鍵は、たしかな技術力を基礎として「日々、努力すること」、そして「新しいことにチャレンジする精神」にあるようだ。津田家宏相談役は、次のように話す。

「そのときそのときで一生懸命やるというのが一番の基本です。鋳物を作るという点は変わりませんが、だからといって『うちはこういうやり方で、これしか作りません』ということでは仕事がなくなってしまうでしょう。時代が変わればニーズも変わる。お客さんのニーズに合わせて、我々のものづくりも変えること、新しいことにも臆せずどんどん挑戦することが重要だと思っています」

今に伝え聞く範囲では、五位堂工業にとって最初に大きな変化が起こったのは、明治維新間近の江戸末期だという。それまで強大な権力を持っていた寺が力を失い、梵鐘製造の受注が激減してしまった。そもそも江戸時代では250年以上も戦がなかったため、武器も売れない。

このままでは商売が成り立たず、路頭に迷うということで、津田家が新たに作り始めたのが鉄製の日用品だ。鋤や鎌といった農耕具や、台所で使う鍋釜の類である。ここで扱う素材が青銅から鉄へと変わったことは、「まったく違うメーカーになったというくらい大きな転換期でした」と津田家仁社長は話す。材質が変われば、溶ける温度や固まり方などの基本的なノウハウが、従来とはまったく異なるのである。

次に訪れた転機は第二次世界大戦後に、今の五位堂工業につながる工業品の製造を始めたことだ。時代が移り変わるにつれて、鋳物の日用品だけでは十分な売上が立たなくなったのである。

平成初期には、中国からの人材の受け入れと輸入を開始。一時期は日本の商社と合弁で現地法人も設立していた。当時、同規模の同業他社のなかでは、海外からモノを仕入れて売るという事業がほとんど行われていなかった。中国の急速な経済発展に伴い、たちまち事業は上り調子となったため、次なる輸入先としてタイへと手を広げたという。

中国から技能実習生を受け入れるようになったのも同時期のことである。こうした試みも同業他社に先駆けて行った。当時はまだあまり大きく取りざたされてはいなかったが、近い将来、労働力不足が深刻化する可能性があると同社は見込んでいた。そのような状況に対応できるよう先手を打った格好である。

また、２０１０年（平成22）、リーマンショックの影響が残っていたにもかかわらず、社名のもととなった香芝市五位堂から御所市へと生産機能を移転する。工場規模の拡大に伴い、今まで使っていた機械を取り替えるなど大々的な設備投資を行った。

もともと旧工場の生産力には限界があり、工場の移転は前々から検討されていた。それが、いざ実現せんとしたときにリーマンショックが重なり、周囲では大きな設備投資を危惧する声もあったという。しかし、生産力向上は喫緊の課題だったため、リーマンショックによる不況下でも、あえて工場移転を断行した。なぜあえて大不況のタイミングでリスクをとったのか。それはひとえに、取引先の要望により高い次元で応えられるようになりたいという強い信念によるものだった。折しも、もとの社屋での操業が取引過多により限界を迎えつつあるタイミングでもあった。

「大きな社会変動が起こったタイミングに、新しい工場で次のステップに進めたのは、我が社にとって大きなことだった」と津田社長および相談役の両名は振り返る。というのも、工場移転により生産量が2・5〜3倍になったことで、ニーズに見合った量を供給できるようになり、業績が上がったからだ。

工場移転という新たなチャレンジは、蓋を開けてみれば、早くも実を結んだのである。世間の不況風、そして周囲の危惧の声に流されず、自社に必要な改革を必要なタイミングで行ったのは正解だった。

このように、「溶かした金属を型に流して冷やし固める」という原型は変わらないながらも、五位堂工業は決して常識や慣習にとらわれず、新しいことにチャレンジしてきた。作るものや事業スタイルを変えてきた根底に「絶対の技術力」があることはいうまでもないが、かといって、技術力だけで生き残ってきた企業ではないのだ。

■いつも「＋アルファ」を見つける

津田社長は、「重厚長大が敬遠されるなかであっても、鋳物は現代の複雑な製品群にはなくてはならない存在」と話す。硬い金属をいったん融解させるため、複雑な形状に成形することが可能であり、なおかつ高い耐久性を兼ね備えている。鋳造は古くからある技術だが、決して廃れることはない技術といっていいだろう。

SDGsが重視される今日においては、環境への配慮も欠かせない。鉄を溶かすには膨大なエネルギーが必要だ。省エネ発想で熱源は火力から電力へと変化し、さらに電気技術の向上によって、今では格段に効率よく鉄を溶かせる機械がそろっているという。

一方、もともとリサイクル性が高いというのは鋳物業の利点である。

そもそも鋳物の原材料の鉄は、いったいどこから調達されるのか。実は、大部分が鉄製品のリサイクルである。五位堂工業でいえば、原材料の鉄のうち約50％は専門業者から仕入れる鉄スクラップ、20～30％は自社工場内で生じる鉄くずであり、リサイクルではないまっさらな鉄は20～30％程度だという。

業者から仕入れる鉄スクラップは、廃車になった車などから集められたものだ。このよう

世界主要10ヵ国の銑鉄鋳物生産量の推移（千トン）

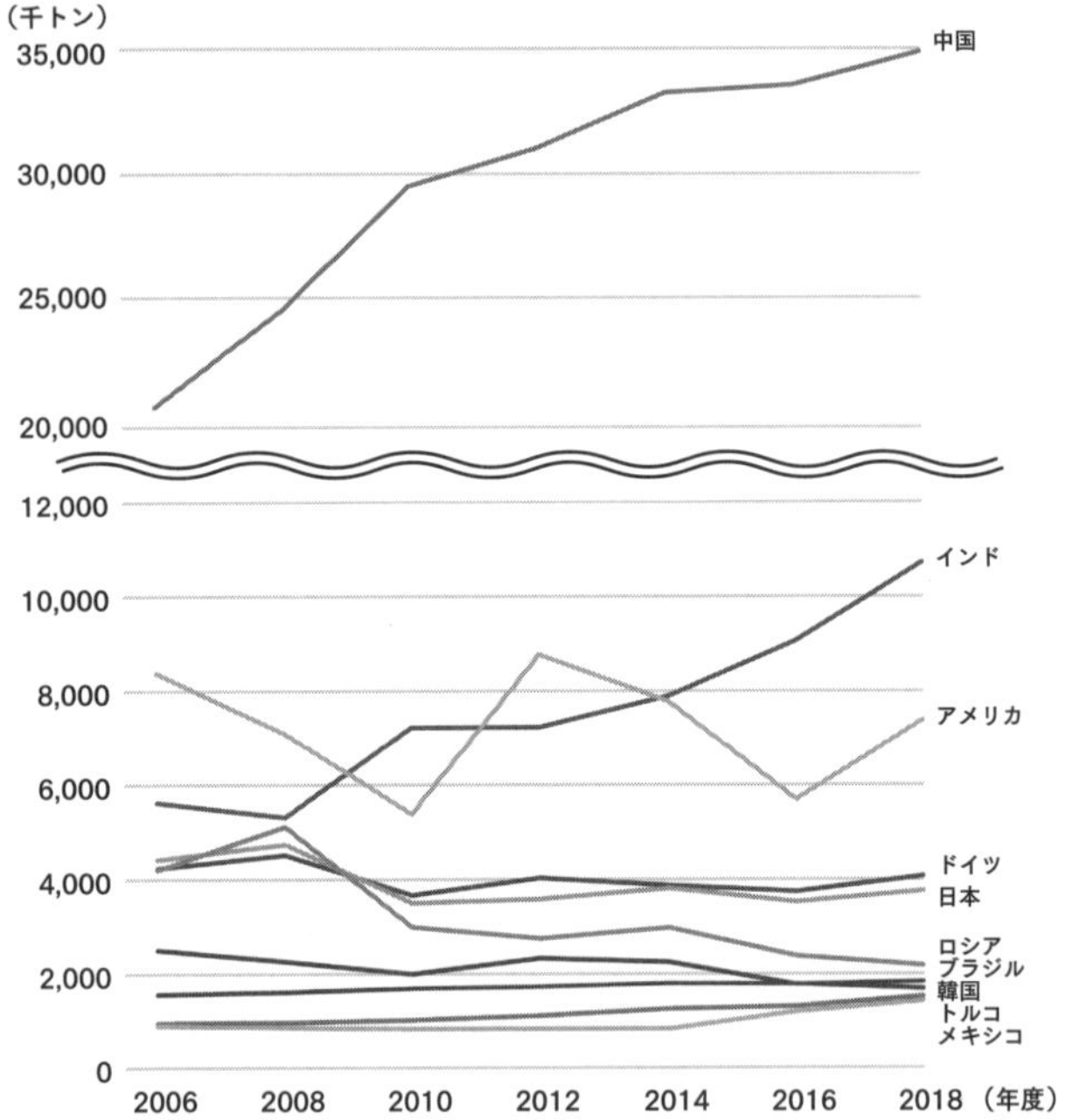

に、不用品をリサイクルして新たな価値を作り出すというのは、あまり知られていない鋳造の一面ではないだろうか。

ただ、鋳造は廃れることのない技術とはいえ、国内市場の縮小は否めない。今後、国際市場でどう勝負していくのかというのは、五位堂工業にとっても大きな課題だ。その道を探るべく、国際見本市などにも積極的に出展しているという。

世界に目を転じてみると、国別に見た鋳物の生産量は、1位が中国、2位がインド、3位がアメリカ、4位がドイツ、5位が日本となっている（2018年度）。

素人目には生産量と技術力は比例せず、技術力にかけては、やはりアメリカ・日本・ドイツが新興国の中国・インドをはるかにしのぐと思いがちではないだろうか。しかし実のところ、新興国の技術力も、近年ではまったく侮れないレベルになっているそうだ。30年来、中国と取引し、研修生も受け入れてきた五位堂工業の実感である。

「日本企業が技術力だけで売っていけるのかというと難しい。消費者ニーズに細やかに応える対応力なのか、長い歴史があるというブランド力なのか、技術力に加えるべき『何か』が何なのか、考えていかなくてはいけない」と津田社長は見ている。もはや、技術力だけを旗印に世界市場で成功できるような時代ではないのだろう。

■「量より質」の期待に応え続ける

では、これからの五位堂工業はどのように進化していくのか。

展望の1つは、新規の取引業界を増やしていくことだ。

現在は船舶用エンジンの部品などを多く製造しているが、取引先の業界が偏っていると、万が一、その業界で生産量が変動したときに、大きな影響を受けてしまう。どの業界にも浮き沈みはある。常に一定量を受注できるよう、リスクヘッジのために多種多様な業界との取引を模索しているという。

また、足元の現実に目を向ければ、国内では人口が縮小し、大量生産・大量消費の時代は確実に終わりつつある。

これからは、「量より質」が求められる時代。そんな今だからこそ、五位堂工業では、再び日用品を作る案が持ち上がっているそうだ。たしかに鋳物の鉄瓶や鉄鍋には根強いファンがいると聞く。すでに名の知れている「南部鉄器」のように鋳物製品のブランド化に成功している例もある。

鋳造は形状の自由度が高く、かつ耐久性も高い。従来の鍋釜のみならず、現代的なニーズに即したさまざまな形状の調理器具も製造できる。冷やし固めた鉄ならではの重厚な見た目は、実はデザイン性にも富んでいる。そんな鋳物の魅力を、日用品としてアピールしていこうというアイデアだ。

「チャンスはどの企業にも均等に与えられていると思います。だとすると問われるのは、いざチャンスがめぐってきたときに、しっかりつかめるポジションにいられるかどうか。そのためには日々、努力。これに尽きると思います。従来の序列や秩序が一気に崩れる可能性があるという意味では、社会の変化は苦しいものです。しかし、日々努力していれば、変化をステップアップのチャンスと捉えることもできるでしょう」

この津田相談役の言葉に表れているとおり、日々の努力という蓄積があれば、時代の変化をチャンスに変えられる。案件ごとに異なる要望に対しても、柔軟に応えることができる。たしかな技術力を支える質実剛健さと、時代の変化をチャンスに変える柔軟さ。ものづくりにかける職人魂と、新しいことにも果敢に挑む創業一家のＤＮＡが、五位堂工業の最大の強みである。

何があっても潰れない会社の極意

- ✓梵鐘製造に固執せず、鉄製の日用品製造、鋳物輸入業など柔軟に対応した
- ✓取引先の要望に高次元で応えることを旨とし、不況下においても工場移転を実行
- ✓伝統的な鋳物技術を生かし、量より質の世相に合う「＋アルファ」を模索

著者略歴

田宮寛之（たみや・ひろゆき）

経済ジャーナリスト、東洋経済新報社記者・編集委員、拓殖大学客員教授（商学部・政経学部）、明治大学講師（学部間共通総合講座）。

明治大学経営学部卒業後、日本経済新聞グループの日経ラジオ社、米国ウィスコンシン州ワパン高校教員を経て1993年東洋経済新報社に入社。企業情報部や金融証券部、名古屋支社で記者として活動した後、『週刊東洋経済』編集部デスクとなる。2007年、『オール投資』編集長に就任。2009年、「東洋経済HRオンライン」を立ち上げて編集長となる。これまで取材してきた業界は自動車、生保、損保、証券、食品、住宅、百貨店、スーパー、コンビニエンスストア、外食、化学など。2014年に「就職四季報プラスワン」編集長を兼務。2016年から現職。主な著書に『みんなが知らない超優良企業』『無名でもすごい超優良企業』（共に講談社+α新書）、『2027 日本を変えるすごい会社』（自由国民社）などがある。

SB新書　579

何《なに》があっても潰《つぶ》れない会社《かいしゃ》

100年続《ねんつづ》く企業《きぎょう》の法則《ほうそく》

2022年 4月15日　初版第1刷発行

著　者　田宮寛之《たみやひろゆき》

発行者　小川 淳

発行所　SBクリエイティブ株式会社
〒106-0032　東京都港区六本木2-4-5
電話：03-5549-1201（営業部）

装　幀　杉山健太郎

本文デザイン・DTP　荒木香樹

編集協力　福島結実子

印刷・製本　大日本印刷株式会社

本書をお読みになったご意見・ご感想を下記URL、
または左記QRコードよりお寄せください。

https://isbn2.sbcr.jp/08705/

落丁本、乱丁本は小社営業部にてお取り替えいたします。定価はカバーに記載されております。本書の内容に関するご質問等は、小社学芸書籍編集部まで必ず書面にてご連絡いただきますようお願いいたします。

ISBN 978-4-8156-0870-5